親しき友に

羽仁もと子著作集全巻の
巻頭のことばと、その思想を
生きる人々——

婦人之友社

著作集執筆のころ　羽仁もと子

羽仁もと子著作集 第十二巻
羽仁もと子著作集 第十四巻
羽仁もと子著作集 第十五巻
羽仁もと子著作集 第十六巻
羽仁もと子著作集 第十七巻
羽仁もと子著作集 第十八巻
羽仁もと子著作集 第十九巻
羽仁もと子著作集 第二十巻
羽仁もと子著作集 第二十一巻
侏儒
腕くらべ
金色夜叉
金色夜叉
金色夜叉
青猫 詩集

羽仁もと子著作集 第一巻
羽仁もと子著作集 第二巻
羽仁もと子著作集 第三巻
羽仁もと子著作集 第四巻
羽仁もと子著作集 第五巻
羽仁もと子著作集 第六巻
羽仁もと子著作集 第七巻
羽仁もと子著作集 第八巻
吾輩ハ猫デアル
田舎教師
新体詩抄
浅草
感情

羽仁もと子著作集第一回発行は昭和二年七月、真夏ただ中でした。ミセス羽仁の執筆の傍ら、ミスタ羽仁は猛暑のなか、新聞の全面広告を何枚も何枚も制作。文言もデザインも、すべてこなされました。その斬新な割付の特色は、出来以来普遍の「羽仁もと子案家計簿」の表紙に今も、生きています。

目次

第一巻　人間篇
人間科学―巻頭の言葉……一〇
目次……一六
惹かれた箇所……一八

このように「巻頭の言葉」の後に「目次」、「惹かれた箇所」*と続きますが、くり返しのため、第二巻以降、省略します

第二巻　思想しつつ生活しつつ　上
思想しつつ生活しつつ祈りつつ……二二
第三巻　思想しつつ生活しつつ　中
書斎から……三六
第四巻　思想しつつ生活しつつ　下
『金の頭』『金の仕事』……四八
第五巻　悩める友のために　上
われらすべての悩み……六四
第六巻　悩める友のために　中
思わるる心の畑……七六
第七巻　悩める友のために　下
人の世の悩みとその使命……八六

第八巻　夫婦論
夫婦一体……九六
第九巻　家事家計篇
人生の朝の中に……一一四
第十巻　家庭教育篇　上
最も楽しい事業……一三八
第十一巻　家庭教育篇　下
教育か生活か……一五六
第十二巻　子供読本
私のお伽噺……一六八
第十三巻　若き姉妹に寄す
若きものの弱さと強さ……一八二
第十四巻　半生を語る
死生以上のもの……一九四
第十五巻　信仰篇
著作集十五巻の筆を擱く……二〇四
第十六巻　みどりごの心
生活の朝、昼、夜……二一八

第十七巻　家信
共に棲み共に語る……二三三
第十八巻　教育三十年
新しき歌をうたえ……二四〇
第十九巻　友への手紙
相反する二つのもの……二五四
第二十巻　自由・協力・愛
ふるさと、又ふるさと……二六八
第二十一巻　真理のかがやき
われ山にむかいて目をあぐ……二七八

著作集刊行に贈られた言葉（一）……六〇
著作集刊行に贈られた言葉（二）……九二
著作集刊行に贈られた言葉（三）……一三〇
著作集刊行に贈られた言葉（四）……二一四
羽仁もと子の生涯と思想……羽仁恵子　二六八

口絵写真　付

人間篇

第一巻

人間科学

――巻頭の言葉――

人間はまず人間を知らなくてはなりません。人間を知らないで人間を生きようとするのは無理なことです。ただ無理なばかりでなく、それは必ずほろびに終わることです。人の世に涙と悲しみの多いのは、人類発生以来、本気で人間を知ろうとしないで、この微妙な法《のり》のある人間の生命《いのち》を、あるいは漫然と、あるいは勝手次第に生きてきた、そのたたまりです。

われわれが人間を知るのには、その一人であるところの自分を、注意ぶかく本気に生きることからはじめなくてはなりません。また自分と周囲の人間との、さまざまの関係交渉を、同様に注意ぶかく、本気に取り扱うことからはじめなくてはなりません。

けれども、それだけで自分がわかる、人間がわかっていると思っていたらまちがいです。自分を見つめ、周囲を見つめ、または自分の棲《す》んでいる現在のあらゆる社会相人間相に通じているとしても、それはやはり人間の一平面だと思います。

どんなに自分自身をよく知っている雀《すずめ》があっても、それは鳥を知っているとはいわれないように。そうしてまた鳥を知らないでは、雀自身がほんとうにわかり得ないように。

ことに多くの変化と進歩に富んだ歴史をもっている人間なのですから、その人間を知るためには――いいかえればまた自分を知るためには――活《い》きた眼をもって、人間の生命《いのち》の歴史を通観しなくてはなりません。そうしてさらに、その中に現われている個々の生命《いのち》を、さまざまの類別によって、できるだけ深く徹底的に知ることをつとめなくてはなりません。

一、自分自身を本気に見、本気に生きること。

二、己《おの》が生命の誠より推して、自分と近き周囲との交渉を、真面目に生活すること。

三、各自の立場において、でき得る限りさまざまの機会と機関を利用し、第一第二の生活によって得る真実な知恵と体験によって、現代を理解すること。

四、活きた眼をもって――活きた眼は以上（一）（二）（三）によって開かれて来るもの――人類生命の歴史をつねに心をこめて見わたすこと。

五、以上すべてによって養われた叡智《えいち》をもって、人類個々の生命に類型を発見し、そのおのおのの類別について深く深く知って行くこと。

以上五つのことは、人間科学研究の、最も大いなる筋道ではないかと思います。自然科学、社会科学、次に興ってくるものの、見出されてくるものは、人間科学ではないでしょうか。人間の生命《いのち》も科学的に研究され得るものであり、そうされなくてはならないものなのに、それがまだないために、人間の精神生活が漫然となり手前勝手になっているのだと思います。

われわれはこの妙なる生命《いのち》の使命を、ほんとうに感謝にみちあふれて生きるためには、まず人間というものを知らなくてはならないというのが、私の早くからの思いであったものですから、この著作集の既刊十三巻は、知らずしらず以上（一）（二）（三）の筋道の実行について、折りにふれ物に応じては、細かにくわしく書きためたものでございます。愛読してくださるみなさまも、おそらくそうだといってくださると思います。

そしてこの巻は、以上の基礎の上に立って、人間科学研究の第四第五の面影を髣髴《ほうふつ》させるようにと希《ねが》いつとめたものでございます。

人は自己に対する知識を基礎に、人間を考えることができ、以上のようにして人間を知りつつ、さらに自分に注意することによって、はじめてだんだんに自分の個性を発見し、独自の使命を感ずるようになっていくものです。

古来文豪の描いた人物の中で、とくにその生命の躍如《やくじょ》として、生けるがごとくわれわれの胸にせまってくるような人物は、人間の中にある類型を、大きく深く人格化して、その棲《す》む社会やその持つさまざまのかかわりの中で、きわめて自然に真実にうつしだしたものです。多くのさまざまの同形の人間からとったいろいろのエッセンスを、ふたたび人間に還元して、息を吹きこんだものです。そうしてそれらの人物をおどらせているところの舞台――いいかえれば名作の結構は、その全体にも局部にもまたそれぞれの人生を暗示しています。

紙数にかぎりある一冊子の、多くにわたることはできませんでしたけれど、各訳者およびご遺族のおゆるしを得てここに引いた、楠山正雄氏訳、イプセンの『人形の家』。故森鷗外氏訳、シュミットボンの『街の子』。米川正夫氏訳、チェーホフの『桜の園』。同じく米川正夫氏訳、ドストエーフスキイの『カラマーゾフの兄弟』は、人間の科学的研究のために、それぞれの一急所を占めているものだと思います。著者と訳者にあらためて深かき感謝を表したいと思います。なお人形の家、桜の園、街の子は、主としてそれぞれの生活思想性格などの招来《しょうらい》した結果が描きだされ、最後のカラマーゾフの兄弟は、一つの殺人事件を中心として、その由来するところを描きだそうとしている名作でございます。みなさまは、それら一つ一つの書物について、めいめいになお細かにお読みになるならば、それぞれの対話の末にも、全部の結構のあいだにも、さらに多くの重要な発見をなさるでしょう。そして私のこの書の中にしるしたいろいろの考えが、その重要な発見をなさるために、十分お役に立つでしょう。なおまたこの巻を心をこめて読んでくださることが、みなさまのために、すべての生命ある小説戯曲を読むところの、思いと心を養うためになるならば、ほんとうにうれしいことだと思います。

この次に出る第十五巻、すなわちこの著作集の終わりのもの『信仰篇』は、宗教についてでございます。人間の全部的生命の憧憬《しょうけい》である信仰の対象を問題にしないで人間を知ろうとするのは、太陽を問題にしないで地球を考えるよりも、より以上に不可能なことです。どうか次の信仰篇を真実に書きあらわす力をあたえられ、この著作集をほんとうの意味において完結させたいと祈っております。

昭和四年六月十一日

羽仁もと子

羽仁もと子著作集は、昭和二年に全十二巻を発刊。つづいて昭和五年に多少の入れ替えを行い、第一巻にこの『人間篇』を据え、『信仰篇』を十五巻とし、全十五巻を刊行している。その後順次六巻を加え、二十一巻となる。

目次

人格無人格
『人形の家』に描かれた人間

『人形の家』はだれでも知っているイプセンの戯曲です。それだのにノラの名を知っている人は幾人《いくたり》あっても、ほんとうのノラを知っている人は少ないようです。

理義と気分と
『街の子』に描かれた人間

ウイルヘルム・シュミットボーンの『街《まち》の子』のなかにも、またいろいろな人間がいます。そうして私たちに、人というものの姿をみせてくれます。

変わりゆく時勢と人
『桜の園』に描かれた人間

チェーホフの『桜の園』は、時勢の推移変動によってあらわれてくる方面から人間をみるのにもっともよいと思います。もちろん作者もそのつもりで書いたものでしょう。

信不信、遺伝、環境
『カラマーゾフの兄弟』に描かれた人間

みんなよい人ばかりの、淡々たる『桜の園』ののちに、ドストエーフスキイの書いた、『カラマーゾフの兄弟』のなかに出てくる人間をみましょう。

惹かれた箇所

囲みは著作集本文抜粋
文末は所属友の会、年代、イニシャル

人間科学　巻頭の言葉

人間はまず人間を知らなくてはなりません。人間を知らないで人間を生きようとするのは無理なことです。……われわれが人間を知るのには、その一人であるところの自分を、注意ぶかく本気に生きることからはじめなくてはなりません。

第一巻のはじめ、「人間はまず、人間を知らなくてはなりません」は、私の心を目覚めさせてくれたことばです。科学の発達、時代の大変革など、これからの社会生活はどうなるのかと案じられるばかりですが、いつの時代にも「自分自身を本気で見、本気で生きること」のために思想し生活することを一層深めたいと思います。「思想しつつ生活しつつ祈りつつ」の友の会のモットーを共に励んだ若き日々を懐かしさと感謝で思い出しますが、これまで大きな病気などすることなく、九十代まで無事に生かしていただけたこと、本当に有難く思っております。

福岡　90代　(M)

信不信、遺伝、環境

『カラマーゾフの兄弟』に描かれた人間よい人をつくるのにもけっして性急でなく、だんだんによくなっていく、だんだんによい人が出来ていくというのでなくては本当ではありません。……人は朝起きるともう一人前の仕事があります。みのまわりを十分に整えること、住むところを整えること、よろしきにかなった食事をとること、そうした上でまた本気な勉強や仕事にかからなくてはなりません。夕になると仕事をやめなくてはなりません。そして夕の営みをしなくてはなりません。夜には夜らしい仕事があります。そうして適当な時間に寝なくてはなりません。夜遅くまで商売をしたり勉強をしたりすることは、けっしてよいことではありません。まじめな思いをもって長い間本気に生活しているあいだに、本当の人間は成長し、よい社会も作り出されていくものです。とにかく、スメルジャコフという人間は、異常な父と母から出て来た、最も不幸な人間でした。

やわらかな文体で描かれたこの一節は「一人前の人間」として生きていく上で一番たいせつにしなければならないことを私に教えてくれます。日々の生活の中で身のまわりのことより、食事より睡眠より、優先しなければならないと一見おもえることがらが往々にしてあります。そのような時、ふと思いとどまらせてくれるのがこの一節です。何を最も大切にしていかなければならないか、生活の根本に立ちもどらせてくれます。毎日の生活を大切にし、「長い間本気に生活する」ことこそ、本当の人間として成長していく力だと、強い指針を与えられました。

東京第一　60代（M）

思想しつつ生活しつつ　上

第二巻

思想しつつ生活しつつ祈りつつ

――巻頭の言葉――

この本を読んで下さる皆様のうちには、古いおなじみもあり、また新しい多くのお友だちもあります。

私は今、昭和二年七月二日、本著作集のために開かれた、明治神宮外苑日本青年館における、あの大いなる記念講演会の盛んな熱心な光景を、涙をもって思い浮かべています。

真面目な真剣な女性の群れ、それが今東京だけでなく、日本全国にひろがったのです。だれの力でひろがって行ったのでしょう。主として皆様御自身の力で出来て行ったのです。今や日本の女性は、ほんとうに自分たちの歩むべき道を探しています。年の若い方たちは、立派な婦人になろうと思い、結婚した人は、どうかして夫と共に、価値《ねうち》のある結婚生活をしたいと思い、母親は是非とも子供をよく育てたい。またすべての女性は、日本の国を物質的にも精神的にも、もっと豊かにしたい。家族主義のこの国が、真に一家のように和楽した社会をつくり出し、世界に向かってその使命を果たしたい――こういうことを感ずる人が、だんだん多くなって来ました。眇《びょう》たるこの著作集を問題にして、そういう真面目な方たちが、期せずして集まって来たのです。この自覚した全国の女性が、あの講演会の時のように、一堂に会する道があったら、どんなにうれしいでしょう。そうして相互いに頼もしき友よ、親しき友よと呼びあうことが出来たら、お互いの手と手がかたく結びつき、胸と胸とが歓喜の涙にはりさけるばかりになるでしょう。

世の中には真面目な人が少ないといいます。それはうそです。大部分の男も女もみな真面目なのです。ただいろいろな刺激に負けて、いじけたり冷淡になったりしているだけです。なかでも、自分の真面目な心の要求の上に、しっかりと立っておいでになる皆様は、どうか本気でこの著作集をお読み下さいませ。

寝ころんで読むほど解《わか》りやすいものでないかもしれません。しかし、考えて読んで下されば、ごく若い方にも、年とった方にも、女は勿論男にも、忠実なお話相手になるでしょう。めいめいに今の時勢からうける多くの刺激を、どう取り扱ったらよいかということが書いてあります。女とは何ぞ妻とは何ぞ母とは何ぞということが書いてあります。めいめいの心の中にある理性や愛憎の働きを、どう修めどう成長さして行ったらよいかを書いてあります。

皆様の学問や特別な知識に訴えて書いてあるのでなく、すべての人の、人としての感情、普通人としての理性や経験に訴えて書いてあります。次々に出るものも、あるいは現代の若き姉妹の修養の方面より、あるいは家事家計の方面より、家庭教育の方面より、人の世の悩みの方面より、信仰の方面より、一々皆様の人情と生活の経験とに訴えようとするものです。どうか考えながらかみしめながら読んで下さいませ。そうして採《と》るべき所があれば、それをごめいめいの日々《にちにち》の生活の舞台に生きてみて、そこからまた皆様の一層すぐれた考えと生活とをつくり出して下さいませ。

思想しつつ生活しつつ――この楽しみを味わいかけて来ると、だれでもこの人生に感謝と生きがいを感じて来ます。思いにあまることがあったら、祈りましょう。思っても実行し得ないことがあったら、また祈りましょう。それが我々のほんとうの生《いのち》の泉の源です。

思想しつつ生活しつつ祈りつつ――この著作集を中心として、私たちはこの仲間をつくりましょう。そして本気な友だちになってゆきましょう。

昭和二年八月二日

羽仁もと子

目次

巻頭の言葉――思想しつつ生活しつつ祈りつつ＊

生活の隠れたる部分＊……一
生活難か生活易か……五
苦労性……一五
唯今主義＊……一九
新貞操論……二三
人生と自由……三〇
真の羞恥……四四
結婚前と結婚後と……四七
家庭円満の奥義……五一
家庭における男子の態度……六四
夫婦和合の法……六九
小言とそのいい方……七七
気の合わない同志……八四
家庭の日陰と日向……九一
家人おのおのを顧みよ……一〇二
過失に対する考え方……一〇五
主婦と修養＊……一一六
家庭と金銭＊……一二三
金銭に対する理想……一二六
誇る心と恥ずる心……一三〇
勝気と強情……一三四
勝利の快感……一三八
虚栄心の源……一四六
愛と寛容＊……一四九

愛することの幸福……一五三
運の好い人悪い人……一五七
迷信と禍福……一六八
運命は偶然か……一七八
昔の女か今の女か……一八五
今の女の真相……二〇〇
二つの家庭……二〇七
器用と無器用と……二一一
保全の力と進歩の力……二二三
今後の社会と婦人の職業……二三四
婦人の職業と収入……二四七
職業は才能の子供……二六四
親子の愛の完成＊……二七七
継子となれる若き婦人へ……二八九
継母継子論……二九五
何のために働くか＊……三〇四
眼前主義を改めよ……三一四
天然の教訓……三二三
休息……三二七
秋……三三〇
生活の自由と愉快……三三三
囚われざる生活……三四四
よく忘れること……三四八
おさなごの如く……三五〇
われらの築くバベルの塔……三六二

惹かれた箇所

思想しつつ生活しつつ祈りつつ　巻頭の言葉

思想しつつ生活しつつ――この楽しみを味わいかけて来ると、だれでもこの人生に感謝と生きがいを感じて来ます。思いにあまることがあったら、祈りましょう。思っても実行し得ないことがあったら、また祈りましょう。それが我々のほんとうの生《いのち》の泉の源です。

多感な年齢の時に、「思想しつつ生活しつつ祈りつつ」の言葉を聞き、今日まで心の底にいつもこの言葉があります。「～しつつ」というのがとてもいいと思っています。静岡　50代(N)

初めて手にしたこの巻はゆずってくれた人の一生懸命読んだ後のラインがあちこちに引かれていた。発行当時は、女性が歩むべき道をさがし求めていた時代。飢え渇く気持がそのラインから伝わり、女性たちにむけた羽仁先生のはずむようなメッセージと感じたことを思い出す。この言葉の重みを、長い年月、生き方の中心にしてきた。何を思想し、どう生活し祈るか、その要があることで、あきらめず、いつまでも心を耕したいと思える。　札幌　70代(M)

朝夕祈りは、かさねておりますが、皆に助けられて、やっと生活している有様で、思いも浅く、我が身を恥じております。感謝を持って生活していきたいと思いました。西宮 90代（Y）

それは「思想しつつ生活しつつ上」でした。朝仕事を終えて一休みにと寝ころんで読みかけたところ、「寝ころんで読むほど解りやすいものではないかもしれません」と書いてあり、おどろいて正座して読みました。その後は心がけて机に向って読むようにしています。

一宮 90代（K）

「思想しつつ生活しつつ祈りつつ」は羽仁先生より、私たちへの一番大切な導きの原点だと思います。

静岡 90代（I）

生活の隠れたる部分

美花を得ようとするならば、根元に培《つちか》うことが第一です。根元にはとんちゃくなく、花の形を造るならば、出来た花は造り花です。まことの幸福を得るためには、どうしてもうわべばかりの細工でなく、ぜひ根本《こんぽん》に培うことに隠れた努力をしなくてはなりますまい。お世辞を言いきげんをとって人の愛を得ようとするのは、ちょうど布や紙で花を模造するのと同じことです。

花を見ても「ああきれいに咲いているわ」と思うだけでその場を通り過ぎていました。羽仁先生が、花に例えているように、日々いろいろな妨げが多く、困難を経験する。これらに打ち勝って進む苦心は、木の根の地中における働きと同じである。目には見えないけれど、この働きが樹木を支えていると書かれている。私の性格は結果を急ぎ、その過程をかえりみることが足りない。これから心を培って、美しい花を咲かせたい。

津 60代（U）

唯今主義

私どもは無事の日を常と思わず、むしろ心がかりのあることを、人生普通のことと思うように、わが心を鍛えておかなくてはなりません。そうして無事の日を、特に与えられた恵みの時として感謝し喜びもしたいと思います。

何事もない日々の生活を幸せと思い、感謝する気持ちを忘れないための大切な言葉です。一日の終わりに手を合わせ、家族が一日無事に過ごせたこと、明日も楽しく過ごせるよう祈るようにしています。

札幌 30代（T）

唯今主義

私どもは如何なる境遇にある時も、すべてその不如意を忘れて喜び、軽い心と自由な身をもって、勇んでよいことをしなくてはなりません。

私の人生で何かをして後悔することよりも、しなかった後悔の方が心に残っています。今何が出来るか、何をするべきかを常に考えて行動することも努めています。しなくてはならない多くの仕事を残し、その生涯を閉じることのないように…。

東京第四 60代（H）

主婦と修養

真に家庭を愛する主婦は、どんなせわしい中にでも、決して自身の進歩を計ることを忘れてはなりません。

七月で六歳と四歳になる娘がいます。最近では、二人仲良く遊ぶようになり、身のまわりのことも自分でできるようになってきたので、子育ても楽になったなと感じつつ、成長している姿を見ると自分から離れていくような気がして切なくなり、子育てが落ち着いたら自分はどうなるのだろうと考えるようになりました。著作集を読んでいた時、この言葉に目が止まり、母親としての自分だけでなく、私としても生きていけるんだということに気づかされました。

名寄 20代（M）

家庭と金銭

われらの生活を支える金銭は、清らかでなければならないと思います。清らかでない仕事、また真面目でない仕事の仕方で得た金で豊かな生活をするよりは、むしろ不十分な生活に甘んじても、清い仕事をするほうが私どもの家庭の幸福です。

人の欲望、特にお金に関する欲望は誰もが持ち、かつそれがゆえに道を誤ることも多いと思います。仕事柄、様々な誘惑等に直面することがあっても常にこの言葉を原点にしています。

東京第一 30代（O）

愛と寛容

今の私の思い当たっていることは、愛と寛

容ということです。私どもを愛に連れて行ってくれる最初の手引きは寛容の精神ではないかと思います。

大きな心を持って愛ある人になりたいと思い、はげまされる言葉。

豊中　20代（M）

今まで何十回となく読みました。人生を生きて行く上で一番大切なことが書かれていると思います。自身の人格の完成を目ざすにはなくてはならないもの〝愛と寛容〟。自分が正しいと思えば思うほど、そうでない相手を非難したくなってしまう。正しいことを行う心と大いなる寛容を合わせ持たなければ、相手の心には届かないとしみじみ思います。

浜松　50代（K）

親子の愛の完成

親子の愛もまた親と子が双方から多くの努力をしなければ完成することの出来ないものです。……私たちの結婚の結果として生まれて来た子供に対して、生まれたことが幸福であり価値のあるものであると、当人に思ってもらうことが出来るように、あらんかぎりの尽力をしなければならない義務を持っているからです。

長男とはいつも衝突していました。親子の愛はおのずと芽生えるものという思いこみがあり、そうできない自分に悩んでいました。親子の愛も努力して得るものという言葉に救われ、つまずきそうになる度、この頁をめくっては自分の気持を切換えていました。武蔵野　60代（Y）

子供は、私の手の中で自分と一心同体で、言うとおりになるものだと無意識に思って育てていました。著書にあるように子供が病気などで苦しむと私自身が苦しく、早く治って開放されたいと思っていました。しかし実際には苦しいのは自分ではなかったことに気づかされました。

今一度改めて私の子供として誕生してくれたことに感謝し子供自身に「幸福で価値のあるものであると思ってもらうために、尽力しなければならない義務」を果たせるよう努力していかなければと痛感しました。

伊勢 30代 (I)

何のために働くか 四

天国を望んで働くべきか、この世の成功を目標として行動すべきか……。

昨年、夫を突然亡くし、心の大きな穴は何をしても埋めることは出来ませんでした。羽仁先生も愛児を亡くされ、どのような思いであったかを知りたくなりました。生きる気すら失い欠けた時、この箇所に生きる指標を指し示されました。世間にではなく、神に恥じないように天国へ行く道をひたすら真面目に歩むことでした。文中にある岡山の孤児院の少女のように、(十六歳の精神の発達の遅れた少女が、日々一石に近い米と麦とを洗い、炊く仕事を楽しみきってしている結果、非常な熟練の域に達し、外では味わうことのできないほどにおいしいご飯に炊きあげているという内容)一つの職分を楽しみきって従事する姿に、私も近づきたいと思えるようになりました。

松阪 50代 (T)

思想しつつ生活しつつ　中

第三巻

書斎から

——巻頭の言葉——

一　大雪の朝

ゆうべからの雪はまだ霽《は》れません。静かに美しく降っています。二階のヴェランダにある私の簡単な書斎は、けさは雪で飾られたいろいろな木の上に、鳥の巣のようにかかっています。この雪がどこまで降ってつづいているのだろうと思っていると、また私は雪の海に浮かんでいる、暖かい小舟に乗っているような気がします。はてしなく漂って、白熊のお宿につくとしても、そこにもきっと暖かい炉辺《ろばた》があるだろう。その炉辺の火を見つめながら、氷の山に降る雪を眺めていると——、想像の翼がそれからそれと、神秘の世界にひろがってゆきます。何という面白い天地、何という不思議な私たちの思いなのでしょう。

第七回目に皆様にお送りする私の手紙『思想しつつ生活しつつ』の原稿を、きのうみな秀英舎に渡してしまいました。連日の重い労作が終わりをつげて、この珍しい雪の朝に、私はお伽《とぎ》話《ばなし》の中の人になったのでしょうか。

二　春光流る

あくる朝の私の机に、まぶしい春の光が流れて来ました。間もなくヴェランダが暖かい日に包まれてしまいました。

第一回の『思想しつつ生活しつつ』を書く時に、私はときどき心細い気になっていたことを思い出します。それは人の気を迎えるようには書いていない私のこの手紙が、かたい冷たい地面に種子《たね》を播《ま》いているようなものかもしれないと思ったりするからでした。

熱心で聡明《そうめい》な皆様のおかげで、私の播いた種子は今、春光の中に競《きそ》って芽を出そうとしています。何というありがたいことでしょう。私の労作の上に春が来ました。春の日中《ひなか》に、また次々の巻《まき》に、私は播くものの労作をつづけましょう。読んで下さる皆様は、それを育てて下さるのです。それがありがたいのでございます。

この巻に集めたものは、多くは大戦の前後に書いたもので、物価が急に騰貴したり、一般の社会にデモクラシーという言葉で平等思想が盛んに思われて来たころでした。多くの人びとが国ということ、民族ということの自覚を新たにしたのもこの頃でした。各時代の節々のよい教育よい洗礼をうけつつ、年と共に進歩する力が、私たちに与えられているのだと思います。

またこの篇を読んで下さるうちで一番むつかしいのは、「われら自身の生命を通して知る事実」という論文などかもしれません。むつかしいというのは、けっして皆様のお心にもないことを書いてあるのではありません。『思想しつつ生活しつつ』は、ことごとく私たちの足元から考えはじめ、また実行しはじめて遠きにおよぼしてゆく仕事です。その誰でも必ずわかっている手近の思いを一つ一つ積み重ね、また彼と是《これ》との関係を推しきわめて、大切な結論にまでおよぶ、その道程を気をつけて見失わずに、はっきり読んでゆきさえすれば、高尚なものほど興味がふかく、そしてその中からほんとうの有益な発見をすることが出来るのです。

どうか皆様にゆっくり読んでいただいて、心を一つにして、この意味ふかき感謝すべき人生を理解し、心から自分を愛し、人を愛し、家のため世のためになるように暮らしたいと思います。あすからはまたこの次の巻に私の労作をすすめなくてはなりません。本気で読む労作も、本気で書く労作も楽しいものでございます。

昭和三年二月

羽仁もと子

目次

巻頭の言葉――書斎から

ありのまま＊……一
空の鳥を見よ……一一
まかせる心……一五
恵まるべき生活……一九
不平少なく暮らす工夫……二四
棄つべき己れ棄つべからざる己れ……三五
二種の人……四六
女ごころ……五三
交際論……五九
かく考えて友と交わりたし……六九
簡単な処世法……七五
まちがいを恐れずに……八〇
婦人問題か男子問題か……八三
世間見ず……九八
無知と無力からくる女の不健康……一〇九
家庭の婦人に休息の必要なきか……一一九
家庭と能率……一二七
豊富なる生活への第一歩……一三九
進歩に対する理解……一四七
あこがるる心……一六三
生きる以上は＊……一七六
この生《いのち》の使い方＊……一八六
職業に達せざる婦人は母妻にも適せず……一九九
両性の融和……二〇七

結婚と死は人生の福音なり……二一五
結婚生活者の自覚……二二五
天爵人爵魔爵……二三五
洪水われらを囲む……二四七
愛の世界か競争の世界か＊……二五二
愛と暴力と＊……二六〇
信仰と愛国……二七〇
第二の黒船……二八一
神経衰弱時代に寄す……二九一
経験はわれらを活殺す……三〇三
『やってみよう』と『どうせ駄目だ』＊……三一二
宿命の力と創造の力……三二二
われら自身の生命を通して知る事実……三二九
われらの動物性の愛重《あいちよう》……三三八
純潔を慕う……三五〇

惹かれた箇所

ありのまま

ありのままな自分を、すべての日の鏡の前において、かくれた自分の小さな欠点でも長所でも、一々明らかに照らされて、忍耐と謙遜によって、日々に自分を大成してゆきたいと思います。

ややもすると、外見にばかりこだわり、自分に都合のいい生き方をしてしまい、自分の真実というものがないように感じます。どんな自分からも目をそむけずに、ありのままの自分をうけとめて、日々、誠実に、ていねいに生きていけば、きっと見えてくるものがあるという、勇気が湧いてくる言葉です。　小山　40代（N）

ありのままの自分と向き合わなければいけない。人と交わってこそ本当の自分の姿が見えてくる。そういう意味で友の会は、私にとり忍耐と謙遜を学ぶ場となっている。生きる姿勢が明確にされていてありがたいと思う言葉である。

西宮　50代（K）

生きる以上は

『我は葡萄の樹、汝等はその枝なり』（聖書の言《ことば》）枝の大小は私共の天分です。小さいものは小さきに甘んじなくてはなりません。大きな郵便事業の、ただのスタンプ押しでも構いません。唯いかに小さくとも幹に連なって、分相応の実を結び得るように心がけたいのです。生きる以上は、自分の生《いのち》を出来るだけ役立ててみたいと思います。

枝は小さくても幹に連なって、分相応の実を結ぶよう努力すればいいのだと知って、肩の力がぬけました。自分にできることを丁寧に一生懸命やればいいのだと思うと劣等感もなくなりました。入会して十五年経ちましたが、大病をした私は友の会で大きな働きはできません。小さい枝ではあるけれど、生きる以上は自分の命を役立てたいと願っています。　神戸　50代（N）

この生《いのち》の使い方

絶対の自己を自覚しているものには、自己の絶対的生活がなくてはなりません。それはすなわち各人の与えられた人格と才能を十二分に発揮することで、その最もよい道は職業です。女性の生《いのち》の発達に最も大切なものは母の役目で、才能発揮のために大切なものは職業だと思います。

私の場合、二歳一カ月の娘の子育て、家事などの家庭生活と、職業である演奏活動との両立、バランスが日々の大きなテーマです。出産して以降子育ての素晴らしさを深く実感し、「子育て中心の家庭内での役割を果たす事」に没頭できるかもと思ったこともありましたが、その気持ちは長く続かず、社会の中で自分を発揮・表現をしたいという意欲が、だんだん自分自身に戻ってきました。

羽仁先生が「女性の生の発達に最も大切なものは母の役目で、才能発揮のために大切なものは職業だと思います」と書かれています。私は子育てを中心とした生活の中から多くを学び、自分自身を深めていきたいと心から願っておりますし、表現の場である私の職業を大切にし続けたい思います。

浜松 30代（K）

愛の世界か競争の世界か

勝つというのは、誰に勝つのか何に勝つのかを良く考えて、間違いのないように自分の心を支配してゆかなくてはなりません。何に勝つのか、ただ自他の中にある悪に勝つのです

教育の場でも労働の場でも「競争」するのが

当たり前、という社会の中では、勝つということが非常に重要だと思われているが、そのためにとても生きにくい社会になっている。自分としては、人との戦いに勝つということではなく、主として自分自身との戦い（安易に流されず、価値基準を保つ）に勝ちたいと思ってきた。しかし、「自他の悪に勝つ」ことであると書いてあり、思っていた以上のことだと思っている。

釧路 50代（S）

愛と暴力と

忍耐はどの辺まですればよいという切りのあるものでなく、『終わりまで忍ぶものは救わるべし』と書いてある通りです。

自分の中にこの考えは存在しなかったので、

ショックが大きかった。この言葉は、これからも自分の中で生きて、考えていくと思う。

多摩 50代 (M)

『やってみよう』と『どうせ駄目だ』

われわれの精神生活に、二つの動力のあることをまず考えてみたいと思います。一つは「やってみよう」と自ら励ます力で、一つは「駄目だ」と抑える力です。

……折を見つけては私たちを刺激しているのが、この『やってみよう』という動力です。そのためにこの世の中には善が死なずにいます。

くも膜下出血で倒れた時、気がついたら右半身が麻痺、言語にも障害があり、暫くして始まったリハビリを必死で頑張りました。ベッドに戻った時はひたすら眠り、そして、朝になるとよい目覚め。今日も頑張ろうと思いました。

横浜 60代 (K)

失敗したらと後ろ向きになり勝な気持ちを、どんと背中を押してくれる勇気の言葉です。何事も良いと思ったことは踏み出してみなければ結果は判りません。私はこの言葉を大切にして来ました。

東京第一 70代 (I)

いくつになっても『やってみよう』の心を持ち続けていたい。必ず聞える『どうせ駄目だ』の声に負けないで、共にいてくださる方の愛と力を信じて、やってみる力にかえていただいていることに感謝して暮らしています。

鈴鹿 80代 (S)

思想しつつ生活しつつ　下

第四巻

『金の頭脳』『金の仕事』

――巻頭の言葉――

『金の頭脳《あたま》』で『金の仕事』をしたい。私は毎日そう希《ねが》っています。一日のうちで、ほんとうに金のようなよい頭脳《あたま》で、金のような労作を生み出す時間は少ないものです。雑物の刺激のためにつかれて来ると、私たちの頭脳《あたま》は銀になり鉛になります。

私たちの境遇も幸いにして、希望に満たされている時は、その中に棲《す》む自分たちの感情も、おのずから水のように澄み、星のように輝いて、見るものの聞くものの中にある、よき思いの影をうつし、深き心を見出《いだ》して喜ぶことが出来ます。悲しみや疲れにかき乱された心で、人生を見ていると、自分と他人《ひと》とすべてのものの中にある拙《つたな》さ醜《みにく》さ不安さ果敢《はか》なさが、競い合って私たちの目の前に現われて来ます。金のようなよい頭脳《あたま》で、澄んで流れる水のような気持で、きょうもあすも生き楽しみ、与えられた仕事をしたいものです。

『金の頭脳《あたま》』と『金の仕事』は、人によって一々違っています。けれども人各々に必ず『金の頭脳《あたま》』と『金の仕事』があるはずです。いつでも『金の頭脳《あたま》』と『金の仕事』を持つために、こうしましょう。

私たちの朝持っている『金の頭脳《あたま》』が疲れて来たら、『金の仕事』はやめましょう。銀の頭脳《あたま》になっていて、愚痴な気持で金の仕事をしようとしていることがよくあります。頭脳《あたま》が銀になったら、気を換えて銀の仕事に移りましょう。銀の頭脳《あたま》で銀の仕事をしていると、その出来栄えが金になるのは不思議な事実です。錫《すず》になったら気を換えて、無心で出来る仕事をしましょう。それが私たちの楽天地であり、その仕事がまた金になるのが不思議です。錫の頭脳《あたま》が鉛になったら、気を換えて、すぐに寝ることにしましょう。何も知らずに眠っているうちに、鉛の頭脳《あたま》が金になります。

多くの人びとはいうかもしれません。お前は雇われ人でない、お前は今多くの幼児の母でない、お前は病人でない、お前の家に頑固な老人がいない、等、等。しかし私はそうした抗議に驚いて、長い間希《ねが》って来た『金の頭脳《あたま》』の提案を撤回しようとは思いません。

のみならず反対に、そういう事情を訴える友だちに、ますます熱心に『金の頭脳《あたま》』と『金の仕事』を勧めます。雇主の圧迫のために、お前がいうような自由な仕事が出来ないという友に、どうかあなたは一日のうちで持ち得る一番の『金の頭脳《あたま》』で、どうしたらその圧迫から、本当の意味で脱し得るかを考えて、思いついたことがあれば、『金の頭脳《あたま》』できっと実行して下さいませ。赤ん坊のために夜眠れない母親があれば、『金の頭脳《あたま》』で本気でそれはナゼであるかを考えてみて下さいませ。そこに思いつくことがあったら、キット実行して下さいませ。

病気の友だちにいいます。あなたの『金の仕事』は何でしょう。鉛のように疲れた身体《からだ》と頭脳《あたま》で、鉄のような頭脳《あたま》でするはずの仕事をしなくてはならないと思っているのではないでしょうか。他人《ひと》のことを気にする友に、夫のことは夫に子供のことは子供に任せ、自分は本気でその人たちのよい妻よい母になることを、自分の一つの『金の仕事』と思って下さいませ。

いろいろな手ちがいや、死や悲しみが襲って来た時、『金の頭脳《あたま》』をどこに私たちが持つことができるかという友もあるでしょう。そういう時にはすべてを忘れて金にもまさる純な涙を流しましょう。悔やんだり呪《のろ》ったりする愚痴な涙でないように。この人の世の大いなる責任者の前に出て、心からの悲しみを訴えましょう。日の光にすべての悪しきものを消毒する力があるように、そうしてよきものを育ててゆく力があるように、われらの生命の大いなる責任者には、大いなる癒《いや》しと救いと育《はぐく》みの手があります。

ちょっと待ってと、また他の友だちがいうでしょう。今年も暮れる、鉛の頭脳《あたま》になったら寝るといっても、してしまわなくてはならない多くの用事がのこるではないかと。

年の暮ればかりではありません。毎日毎日も多くの仕事をのこして暮れてゆきます。どうしても出来なかったことは赦《ゆる》していただきましょう。そうして私たちも他の人を赦しましょう。ただお互いに本当に忠実であり合うことを信ずるならば。

一年のうちにあんまり多くの仕事がのこるなら、一日のうちにも一と月のうちにもそうならば、それは必ずその人に多過ぎる責任なのでしょう。どうしても出来ないはずの仕事を、本気で取り捨てることはまた、私たちの一つの『金の仕事』です。

私たち各々に多くの『金の仕事』があります。そうしてすべてわれわれに普遍にして最大なる『金の仕事』は祈りです。礼拝のない家と世界は『金の仕事』のない所です。

クリスマスの鐘を聞きつつ『金の頭脳《あたま》』『金の仕事』この言葉を、私の愛するすべての友に献じます。

昭和三年十二月二十五日

羽仁もと子

目次

巻頭の言葉——『金の頭脳』『金の仕事』*

私の信ずる開運法……一
人生の勘定書……一〇
扇の的……一六
人生の急所をきめる人*……二〇
家庭味*……三一
親と子と……四四
旧と新と……五八
血と人生……六八
悲哀を知る人びと……八一
安住の棲家……九五
生命《いのち》を与うるもの……一〇五
天《あめ》地《つち》の言《ことば》……一一九
罪と悪との発生……一二七
蛇の自由……一三三
恋愛自由の意味……一五三
三つの活力……一六七
社会憎と社会愛……一七九
失われたるもの加えられたるもの……一九三
社会人としての女……二〇二
彼岸に達せしめよ……二〇八
女性の第一義的能力……二一三
母親と復習……二二四
誕生日の空想そのほか……二三一
名優*……二四一

現代家庭の不安……二四五
寛容そのほか……二五三
一人ぼっち……二五八
夫婦の個性……二六四
家庭と腕力……二七〇
唯この心を唯この心に……二八二
囚われ……二九〇
『罪なき者まず石を擲《なげう》て』……二九三
若き日本の祝福……二九八
駱駝《らくだ》の跫音《あしおと》……三〇二
最も自然な生活＊……三〇八
秋日聖日……三一五
思想しつつ生活しつつ祈りつつ＊……三二一
心境小景＊……三二九

惹かれた箇所

『金の頭脳』と『金の仕事』　巻頭の言葉

どうしても出来ないはずの仕事を、本気で取り捨てることはまた､私たちの一つの『金の仕事』です。『金の頭脳《あたま》』『金の仕事』、この言葉を、私の愛するすべての友に献じます。

どこかで「もう無理」という気持ちと「頑張ろう」という気持ちのシーソーのような毎日。日々とり残されて、たまってゆく仕事を見て、自分の効率の悪さ、我が子への教えのいたらなさ、全て自分を責め、そして、きつい態度、厳しい物言いで家族を責めていたと思います。この言葉と出合い、真の意味での仕事の優先順位、心持ちを知り救われました。「どうしても出来ないはずの仕事を、本気で取り捨てることはまた、私たちの一つの「金の仕事」です」逆にこれに甘えるばかりでなく、今一番大事な「金の仕事」に精を出せるようになりました。私の一番の励みの言葉です。　名古屋　30代（I）

人生の急所をきめる人

今ここに十人の人が車座になって雑談にふけっているとします。話がだれてだんだん下らなくなって来たことを、すべての人が感じています。その中で一人「もう帰ろうじゃないか」といって立ち上がる人があります。すべてそういう風な働きをする人を、私は急所をきめる人といいたいと思います。物の急所というものは、いつでもまた必ず難所なのです。……雑談の場合でも部屋の掃除《そうじ》でも、私たちのふれる日常の場合において、常にその急所に向かって頭と手を働かせるように、自分をも他人《ひと》をも深く見て、やはりほんとうに言いたいと思うこと、したいと思うことをするように。それがすなわち急所であり、自分の第一要求であります。

生活する上で、めんどうなことは、避けたくなりますが「急所は難所、難所は急所」と自分に言い聞かせ、身も心も、かるい朝のうちに、気になっていた仕事を始めます。すると、考えるより、楽に仕事が出来ます。これに気づくことができて、感謝です。

盛岡 70代（T）

九十代に入り、何時も生きる不安を感じながら、又幸せに年を重ねて行ける毎日を感謝しております。世の中にはなるべく急所をさけてあたりさわりのない生き方をすることをかしこいことだと思う人がいます。著作集は本当に学ぶ言葉ばかりです。

岐阜 90代（S）

家庭の味

最も大いなる家庭味の醸《かも》し出される源は、家人の各々が相互いに最後まで責任を負うという、その気持の一致から来るものではないかと思います。

だれか一人だけでがんばるのでなく、又、弱くなった時でも一人で苦しむのでなく、「最後まで責任を尽くし合う」、自分にも責任はあるが、お互いに最後まで、いっしょに責任を負ってくれる仲間であるという安心感は大きな支えになる。「そうしてこの人の世がいつか大きな家庭になるでしょう」と願う。

東京第四　50代（K）

名優

与えられた境遇を生きないで、垣根から隣ばかりをのぞいてはならない。自分はつまらないものだと思うのは、なおさら間違いである。私たちは一人一人に、それぞれ絶対の立場において、名優たり得べく、否、名優でなくてはならない使命のために生まれているのである。

外国語が堪能な訳ではなく、ピアノが奏でられる訳でもない―。私は何のとりえもないただの主婦、とうつむいてしまうことがよくある。しかし、たとえば文字が書ける、というすでに自分にある能力さえ充分に活かしているだろうか。文字が書ける、という力を活かしきれば家計簿を完全に記帳することもでき、気持ちのこもった手紙を度々ひとに届けることもできるはず。主婦という立場でも、力を尽くせば人を感動させるほどの働きができる。それは、身近な会員の姿を見ているからこそ信じられる希望と思える。

名古屋　50代（O）

最も自然な生活

草は日当りのよい風通しのよい所に生えているとよく育ちます。それは植物はそういう所に生えていれば、一番に繁り栄えるようにつくられてあるからです。植物自身に伸びる力は与えられていても、それを助けてその伸びる力を成就させるものは日の光や雨露です。

「植物を育てる」というと、あたかも自分が育てているようにきこえますが、成長をこちらが見させてもらっているだけで、本当は、はじめから決まっていて、人間が全てを作っているわけではないと感じました。

帯広 20代（S）

思想しつつ生活しつつ祈りつつ

事に当たって本当に考えること、思索すること。その思想を生活すること。わが思いをもって熱心に祈ること。これらのことがまだ一般に日本の女性に欠けていると思います。

……私は、自分の望むことのだんだんこうして成就して来るのは、自分の努力のためだとばかり思っていました。思想しつつ生活すること、それがすべてだと思っていました。思想しつつ生活しつつ祈りつつでなくてはならないということを分からせて頂いたのは、二番目の子供が亡《な》くなったことからでした。今まで感じたことのない種類の悲しみを経験して、人の心に祈りのあることを見いだしました。子供を失って自分の心の中にある本気な祈りに心づいてみると、過去の自分も、実に熱心に祈りつつ生きて来たのだということを知りました。

私はミッションスクールで、思想、祈りについては、長い間学びましたが、生活しつつは、友の会に入り知り、これは宗教家にはなかった教えと気がつき深く心に染み、生活のしかたを変え、物の見方、考えをしっかり持つ原動力になりました。

苫小牧　70代（K）

昭和二十三年に、各地を巡回した「新生活展覧会」を宇治山田友の会で見たのを機会に友の会に入会し、よき先輩に恵まれ、今までの家風や伝統や仕来り等の生活からはじめて家庭の合理化を学びました。昭和二十六、七年と続いて総リーダーとしてはじめて大会で羽仁先生にお目にかかりました。大きな衝激を受けました。この大会は忘れることは出来ません。先生なき後は著作集のこの言葉に導かれてまいりました。

伊勢　90代（S）

心境小景より　幸いの根

幸いの根を培《つちか》いましょう、私たちの明日《みようにち》のために。

幸いの花の咲くのは遅いかもしれない。けれども、幸いになりたい希《ねが》いと、幸いとは何であるかを知ろうとする思いと、分かりかけて来たことを実行する正直さをもって、われわれの持っている幸いの根を培いましょう。毎日毎日やめないで。

幸いの根は、私たちの境遇の中にある、持って生まれた天分の中にある。幸いの花の咲くのは遅いかもしれない。けれどもよく培われる根が、枝や葉を出さずにしまうことはない。

子供と過ごす毎日は、泣いたり、笑ったり、怒ったりととても慌しく、自分の時間も余り無いので、時には辛くなってしまうこともあります。けれども少し先の成長した姿を思い浮かべるとワクワクした気持ちにもなります。一緒に居られる時間、そして生活を大切にしようと改めて思いました。

北見 30代（T）

中学生の時に暗記し、いつでも心の中にある大好きな言葉です。「よく培われる根が、枝や葉を出さずにしまうことはない」という言葉が大きな励みです。同時に、不幸の根を突きくだくものでありたいと強く願っています。

東京第四 50代（T）

体が弱かったことと、貧しさ故に上の学校に進めなかった私は「どうせ私なんか何やったって！」と将来に希望が持てなくて自棄的な青春時代を過ごしていました。ですが、二十二歳の時に羽仁先生の著作集のこの「幸いの根」に出合い目が覚めました。まさに運命の出逢いだったと思います。見かけばかりの幸せではない本当の幸せが私の中にもあるかもしれないと思えた時の嬉しさを今も忘れずにいます。この心の支えのおかげで今、たくさんの幸せを味わっています。感謝です。

長野 60代（S）

思想しつつ生活しつつ　上中下全巻

ミセス羽仁の思想に出合い、自然に祈りつつ生活できる幸せを感じています。

大阪 90代（T）

著作集刊行に贈られた言葉（一）　一九二七年婦人之友

長谷川如是閑

婦人が社会的に活動する範囲の甚だ広いとは云えない日本でも教化の方面では早くから可なり有力に活躍している婦人が少なくない。が私が特に羽仁もと子女史に感服しているのは、官憲とか学府とか教団とか、その他そういう所謂『背景』というようなものの庇護をうけないで、独立独歩で二十五年余りも自分の雑誌を守ってそこで堂々たる筆陣を張りつづけたという点である。そうしてついにその体験にもとづいて教育事業を興したのも誠に順序を得たことと思う。思想や立場は無論いろいろあることだが、『思想しつつ生活しつつ』という、ある意味で理想的ともいうべき人間的生活をこれほど堅固に守り得た人の言葉は、何人も敬意を払って聴かねばなるまい。

ガントレット恒子

女史を筆の人、教育家として識る前に、私は信仰の人、誠実の人、不断の進歩の人、熟慮実行の人として尊敬します。女史は凡ての機会に凡ゆるものを通して自らの進歩の資料を求め、研究に研究を重ねて後、自ら善と信ずる時、他を顧みず一意其向う所に猛進せられる事は周知の事実であります。

今女史が多年豊富な研究資料を以て、深刻なる人生の道しるべとして、自由に而も何の飾りけもなく、心の底から湧き出づるままを、世の妻の為め、母の為め、娘の為め、幼きものの為め、なだらかな筆を以て書き連ねられたものの中から精選して一まとめとなし発表せらると聞き、心から此の挙を嬉しく思います。

どうか『羽仁もと子著作集』が、一つでも多くの家庭に這入るよう、一人でも多くの男女が、之に由って、一人の女性の霊魂の中に培われた思想が整理せられ、精練せられて、其生活となり、祈となり、奉仕となり、事業となった努力の跡を認め、此複雑困難なる人生の行路に、はっきりと光明を見出し、各々置かれたる立場に其務を怠りなく、感謝を以て果し得るよう心掛ける気持を有つ事に由って、新しき家庭建設に資せられん事を祈って止みません。

悩める友のために　上

第五巻

われらすべての悩み

——巻頭の言葉——

人の世は、生命《いのち》の展覧会だと、いつも私は思っています。春と秋とに上野にひらかれる美術の展覧会は、この天地自然と人間の中にある、いろいろの意味の美を、絵画や彫刻に表現して、それらの美を知らずにいる、あるいは深く味わい得ずに見すごしている、私たちの心を目覚ましてくれます。

美人は美である。極彩色は美しい。浜辺に立っている真黒《まっくろ》な漁夫もうつくしい。淡い色調もあわれ深い。自然なものはみな美しい。生命はことごとくいろいろの意味の美を現わしている。古来の美術は宇宙の美の縮図です。

山を描いて、私たちをその山にひきつけてくれる人、あるいは楽しめる、あるいは苦しめる人を刻んで、私たちの心に深く訴えてくれる人は、その人自身ほんとうに山を知り、楽しめるもの苦しめるものに同情を持っているのでなければ出来ないことです。痛切にいえば、ほんとうに楽しい人のみが、その楽しさをいろいろなものに現わすことが出来、苦しい人のみが、その苦しさをほんとうにいろいろな場合に現わすことが出来るのです。

悩める友の手紙を、多くの年月の間に、数限りなく読んだ私は、人の生命《いのち》の展覧会を、涙にかすむ眼をもって実に沢山見たような気がします。この篇にその一部を集めました。

そうして、この生命《いのち》の展覧会は、昔から流れて来た人の世の生命《いのち》の縮図です。描《か》いた人は、小説家ではありません。描いたのでなく、刻んだのでなく、生命《いのち》そのものです。この展覧会を本気で見ていると、涙にかすむわれらの肉の眼と反対に、われらの心の眼は冴《さ》えかえる心地がします。

いたずらに人生苦悩の記録ではありません。苦しみに負けまいとする力強い戦いです。情欲の下に埋もれまいとする清い叫びです。静かに哀《かな》しみつつ、暁の星を待つ心です。まことの審《さば》きを恐るるおごそかな思いです。友をよび神をよぶ声です。そうして心の耳を傾けてよく聞くと、それは他人の声でなく、自分の内部《うち》にある声です。冴えた心でよく見ると、それは他人の絵でなくて自分の姿です。私は悩める友の手紙を読むようになってから、自分の心を知ることも深くなったと思います。わがままな友だちも高慢な友だちも憎むことが少なくなりました。しかも決して弱い心で仮借してはならないと、本気に思い得るようになって来ました。比較的誠のあるもの、能《ちから》のあるものが、反対に、そうしたよいもの、有力なものを持っていない親子兄弟夫婦のために、重荷を負ってやるのは人生だと思うようになりました。愛と自覚をもって重荷を負うものに、天の助けの与えられるはずであることも思われて来ました。それまでの忍耐のどんなに辛《つら》いものかも知ることが出来たような気がします。祈って夜のあけるのを待てという声がきこえます。

友の手紙を脚色したら、どんなに極彩色なものになるでしょう。しかし問うほうも答えるほうもすべてまっすぐにありのままです。ただそのありのままが、どちらも口さきだけの話でないことを、皆さまに看取していただきたいのです。ここにはすべて簡略にして載せましたけれど、多くはながいながい読みにくい文章を、幾度くり返して読んだでしょう。読んだときには、たいがい私はいつでも途方にくれるばかりでした。幾日も考えてついに答うべきことを知らない多くの問題もあり、思いに思っているうちに、つたない思いでもお答えすることが出来たのは、これらの手紙です。一朝一夕では決して出来る仕事ではありませんでした。十三、四年このかたの労作です。今の思いをもって、訂正したい所、付け加うべき所のあるものは、そうしました。読んで下さる皆様もきっと真剣になって下さるでしょう。

『悩める友のために』というよりは、『われらすべての悩み』と題するほうが至当だと思うのでございます。

喜ぶものと共によろこび、泣くものと共になけ。(ロマ書一二ノ一五)
幸福《さいわい》なるかな、悲しむ者。その人は慰められん。(マタイ伝五ノ四)

羽仁もと子

昭和二年八月二十五日

目次

巻頭の言葉——われらすべての悩み＊

男の中で働く女の辛さ……一
情愛のない夫……四
働きのない夫……九
果たして虚栄か……一二
夫の地位に伴い得ぬ妻……一六
のんきな夫……二〇
母と妻との間にたって……二四
子供には権利、親には義務……二八
大人の犠牲になった子供……三一
独立か再婚か……三五
親への仕送りに苦しむ家庭Ⅰ……三九
親への仕送りに苦しむ家庭Ⅱ……四二
威勢の強すぎる嫂……五〇
実母に従わんか継母に従わんか……五七
家のために婚期におくれた娘……六三
結婚について親と意見のちがう場合……六九
われから求めて日陰の身に……七四
忠義の二字にあやまられて……八四
音信不通の父……八八
我が子のゆくえ……九〇
わがままから目覚めて……九七
固《こ》陋《ろう》の家風を呪う……一〇二
内気か勝気か……一〇七
不用意な男女の間に起こった悲劇……一一三

自分を信じ過ぎた結婚……一二二
本人を無視した結婚……一二七
人種的偏見のために……一三三
養子娘の苦心……一三五
わからずやの親類……一三九
姑小姑の圧迫……一四二
別れた夫を慕う……一四六
家庭と秘密……一五三
家計を苦にやむ娘……一五八
自暴自棄の兄……一六一
父母の確執に対して……一六六
もらわれ子の身の上……一六八
頼む木陰に雨が漏る……一七〇
嵐になやむ霊魂《たましい》……一七五
女中の才気を羨む娘……一八一
美貌の禍か……一八六
無能の夫……一九二
夫の放漫を悩みて……一九七
埋もれた身の嘆き……二〇一
少女時代にした夫婦約束……二〇七
単調な生活の倦怠……二一〇
無学な妻の嘆き……二一三
『桜の園』に似た旧家……二二〇
総領娘のわがままに苦しむ一家……二二四
血をわけた親の冷たさ……二二七
夫に侮辱されている妻……二三二
酒を飲むのも務めの一つか*……二三六
片意地な祖母、気むつかしい父……二四〇

秘密を包んで再婚した婦人……二四五
職業の意義を疑う……二四九
義理の負債に苦しむ夫婦……二五四
無信仰の夫に対して……二五九
小姑のことから姑との不和……二六三
子供の才気に目のない親……二六八
荒みはてた母ゆえに……二七四
夫にも子にも別れて……二八二
不器量を気にする娘……二八八
頑迷な長上を持って……二九三
子供をかかえた若き未亡人……三〇一
権威のない妻……三〇七
世の中はがらんどうでしょうか……三一四
熱のない夫婦……三二二
母と共に家をすてて……三二七
物堅い兄と不身持ちの夫……三三四
分別盛りの夫の放蕩……三三九
愛なき結婚の不満……三四四
行方不明の夫……三四八
手相が悪いといわれて……三五二
迷信勝つか人間勝つか……三五六
わがままなのでしょうか……三六三
女に欺された青年……三六九
祖母の偏愛のために……三七四
姑のために割かれた夫婦仲……三七八
子のない女の心……三九二
気づかわれる子供の教育……三九五
検定試験に失敗して……四〇〇

惹かれた箇所

われらすべての悩み　巻頭の言葉

「人の世は、生命の展覧会だと、いつも私は思っています。……悩める友の手紙を、多くの年月の間に、数限りなく読んだ私は人の生命の展覧会を、涙にかすむ眼を以て実にたくさん見たような期がします。

羽仁先生の「答」はすべて、それぞれの人の霊性の向上をねがい、強い心で奮発して生き、人から尊敬を受けるような品性のある生活をするようにと励まされています。「常に神の正しい法則がどこにあるかを見出しつつ歩んでいきたい」の言葉にも惹かれました。　岡山 60代 (W)

酒を飲むのも務めの一つか

問　私どもの家庭は、物質的には乏しい勝ちでも、心の上には比較的幸福に暮らしておりますが、ただ一つ常にわだかまりとなっていることがございます。……

答　人生の旅路には、いろいろの道があります。多くの人が、皆歩いている、その後について行くと、歩きやすいことは確かです。しかし我々を、行くべき所に行かせる道であるかどうかは別問題でございます。

世間一般の風俗習慣に従って、人並みに行動していると、確かに昇進して行くことが出来ると思います。しかしキリスト教的信仰を持っているものは、常に神の正しい法則がどこにあるかを見いだし見いだし、そのほうに歩んで行きたい……。ご良人とても、酒席に出ることばかりが、唯一の身を守る道だとはお考えにならないでしょう。酒席に出て一緒になって騒ぐなどのことをしない人は、他の道で人と打ち解け、自分の本領をも知ってもらうことが出来るように努めることが出来ないものでしょうか。私は神を信ずるものは、正しくないと思う世の中の習慣や人の心持ちに媚《こ》びることとは不必要だと信じています。しかしはたの人の気を悪くしたり人から誤解されたりすることを何とも思わないというのではありません。私たちは正しい方法で、すべての同胞が相愛し相和楽することが出来るように努めることが、実に大切なことなのですから、どうか清らかな方法で、同僚間に悪く思われない方法を、いろいろに考えてごらん下さることは出来ないものでしょうか。世間の実例で見ても、酒をのまないということを、きっぱりいい通す人は、必ずそれで通っています。しかしそこまで度胸を据えないでいると、かえって面倒が起こるものです。

羽仁先生の順を追って言われる言葉から、どうすればいいのか問題がハッキリして来て、結局は自分自身の心のあり方が問われているのだと分かります。自分の優柔不断さで問題をはっきりさせられず、事を面倒にしていることが多々あると反省させられます。

浦和 60代 (O)

悩める友のために

中

第六巻

思わるる心の畑

――巻頭の言葉――

この『悩める友のために』は、多くの人の体験によって、真剣に書かれた人生読本でございます。思いを深めて読んでみると、禍《わざわい》も幸いも、成るの日に成るのでないことが、私たちの胸に、恐ろしいほどハッキリと映って来ます。私たちの日々の生活の揺籃《ようらん》において、罪も救いも毎日一緒に育っています。未来の盗賊《とうぞく》も救い主も、嬰児《みどりご》であった時には、共に愛らしく普通の眼には見えていたのでしょう。人の心のさまざまの働きも、その萠《きざ》しかけた二葉の時には、よしあしを分かち難く、栴檀《せんだん》の芳《かぐわ》しさを、早くにそれと知ることは、凡俗にはむずかしいことでしょう。のみならず私たちには、かえって毒草がまずあざやかに生々《せいせい》と見えるのではないでしょうか。

よき木は、そのよき花を開き、よき実を結ぶことが遅く、あしき木は早く多くの実を結びます。その実が落ちて、私たちの心に家庭に、更に多くのあしき木が芽を出してきます。そうして私たちの家庭や私たちの心が、苦い畑になった時、そこには決してくつろぎと慰めがなくなってしまいます。つづいて重い苦痛がいろいろの部分に起こってきます。

しかし、花咲き実を結ぶことの遅いよい木は、生《いのち》の最も強い木です。私たちの心の畑が、全然毒草や毒木に占領されたように見える時でも、どれだけかのよい木は、必ず死なずにのこっています。慰めを求めるのはその木です。しきりに苦痛を訴えるのはその木です。何という重い使命が、その木の生《いのち》の上にかかっているのでしょう。

また家中がほとんど悪い木になった時、たった一人痛み悲しむよい木となって残されている人があります。何という健気《けなげ》さでしょう。

十字架上の盗賊《ぬすびと》の心にも、「御国に入り給うとき我を憶《おぼ》えたまえ」と叫ぶ心が残っていました。その心さえ失った他の一人の盗賊《ぬすびと》に、だれも、またどの家も、なってはなりません。

救い主に導かれて、この世かの世のパラダイスに遊ぶ希《ねが》いのわれら衆生《しゅじょう》は、よき木の生《いのち》はあしき木の生《いのち》よりも強いことを、何よりの喜びとしましょう。それだから家中にたった一人のよい木になってしまった時も、失望することはありません。自分の全心が苦い畑になってしまったように思う時も、そう感ずるよい心のあることを信じましょう。世の中の心細さを思う時にも、そこに心づくもののあることを、頼もしく思いましょう。私たちは、我人《われひと》の思いの中と、及びこの世の中に、数の少ない栴檀《せんだん》の芽を持ちながら、目に余る醜草《しこぐさ》を恐れないのは、ただよい木の生《いのち》の強いことであり、悪い生《いのち》のそれに比べて弱いことです。

なぜ、よい生《いのち》は強いのか。その生《いのち》の上に神の祝福があるからです。悪い生《いのち》の上には祝福がないからです。われらの日々の生活に、ただこの祝福を祈りましょう。われらの日々の生活の揺《よう》籃《らん》に、知らずしらず芽を出して行く、罪の二葉の成長しないために。なかなかにのびにくい栴《せん》檀《だん》の芽を、忍耐をもって育てあげて行くために。

昭和三年三月

羽仁もと子

目次

巻頭の言葉――思わるる心の畑

職業をとってみたい……一
不良の弟をもって……五
身の素性を悲しむ I……一二
身の素性を悲しむ II……一七
汚れたこの心……二四
結婚の幸福を疑う……三一
生活苦職業苦……三九
心の牢獄 I……四九
心の牢獄 II……五六
友だちが憎い……七〇
愛し得ざる悩み……八一
生きた知識と死んだ知識……九一
お人好しのエゴイズム……九九
働きもののエゴイズム……一一一
寂しき病の床より……一二〇
不徹底な心……一二七
死児の齢を数える心 I……一三五
死児の齢を数える心 II……一四〇
人形のような自分たち……一四五
恋の一念……一五四
女の道に迷う……一六一
不道徳な家業の禍 I……一七〇
不道徳な家業の禍 II……一七九
不道徳な家業の禍 III……一八六

三角関係の悩み Ⅰ……一九四
三角関係の悩み Ⅱ……二〇〇
三角関係の悩み Ⅲ……二〇九
秘密のつくる陰影 Ⅰ……二一三
秘密のつくる陰影 Ⅱ……二二二
貞淑の美名の下に……二二八
勝気な人々 Ⅰ……二三四
勝気な人々 Ⅱ……二四一
まかせきれない心……二五一
再婚者の心理……二六七
女ごころの虚栄 Ⅰ……二八〇
女ごころの虚栄 Ⅱ……二九〇
女ごころの虚栄 Ⅲ……二九七
知らざる自分 Ⅰ……三〇六
知らざる自分 Ⅱ……三一六
知らざる自分 Ⅲ……三二五
出戻りの身の上……三三五
てんでん勝手の大家族 Ⅰ *……三五〇
てんでん勝手の大家族 Ⅱ……三五八
子を喪《うしな》いて……三六八
死んだ子供にすまない……三七五
子供のない夫婦の煩悶……三八一

惹かれた箇所

てんでん勝手の大家族Ⅰ

問　非常に苦しい場合に立っております。どうかこの心のうちをお聞き下さいませ。私の家と母の実家《さと》とは、もともと親戚《しんせき》なのでございますが、母の姉は初縁の夫に死に別れて、実家に帰っている数年の間、身体も弱い私の母の手代わりに、随分私の家を手伝ってくれました。そのうちに、ある豪農の後妻になりました。この家には先妻の子供が六人もあって、老人もいたのでございます。老人は間もなく亡くなり、上からだんだん嫁《かたづ》いて行くのですけれど、伯母もその後三人の子を生みました。そうして伯母の生《な》さぬ仲の娘の一人は、私の兄の嫁になったのです。その嫂《あによめ》の兄に嫁をさがして居りますが、兄弟数の多いのと、家の中がむつかしいという評判なので、なかなか話がまとまらない様子です。そのうちに私の方へ縁談を持ち込んで参りました。父はどうせ親類うちだから交際《つきあい》も楽だし、よしよしと受け合ってしまったのでございます。

しかし私は、どうしても気が進みません。……私は義理にからまれて伯母の家へ行き、犠牲にならなくてはいけませんでしょうか。自分の幸福のみ祈ってはなりませんのでしょうか。

答　ほんとにお気の毒なことです。「伯母の家に行き犠牲にならなくてはなりませんでしょうか、自分の幸福のみを祈ってはなりませんのでしょうか」について私の考えを申し上げ、お答に代えたいと思います。

まず第一に人は犠牲にならなくてはならない、また人は犠牲になるのは貴《とうと》い、犠牲にならないのは貴くないときまっているのではありません。犠牲が貴い場合もあり、犠牲が卑しい場合もあります。……

読み始めると、昔の映画を見るようでもあり、とても興味深かった。羽仁先生の答を段々と読み進めるうちに、自分の胸のうちを見透かされているようでもあり、落ち着かない気分にさせられた。封建的な時代背景の奥底に人間として変わらぬ悩みを見出すからだと思う。羽仁先生の答えは一貫して、正しい道をひたすらに進むことを勧めてはいるが、悩める友への深い同情をまず示しながら、表層に表れている人間の醜さから、問題の本質がどこにあるかを捉えており、時折、それは悩める友、本人への鋭い指摘だったりもする。犠牲の種類について書かれた箇所は非常に印象深かった。たとえば「一家の中に病人があったときには家中の人がその病人の都合を中心として、めいめいの都合を顧みないのは、人情としても、また道理としても意義ある犠牲です。病人のほうからいっても、そうした家人の親切な犠牲を感謝して受ける方がよいのです。」「道理と人情を尽くした本当の犠牲は、自他の幸福と一致するものだと私は思います。」などです。

東京第四　60代（K）

悩める友のために　下

第七巻

人の世の悩みとその使命
――巻頭の言葉――

人の境遇の行き詰まり、人の心の行き詰まり、それはその人に、奮い起《た》てよとの警鐘です。行き詰まりを滅びの前提と見るのは間違っています。私たちに来る本当の意味の死や滅びは、行き詰まっていながら、その行き詰まりを感じない人と、それをあきらめてしまうところに来るものです。私たちは、行き詰まりを感じて苦しむ時には、感謝しつつ勇気をもって、正しい方法によって、その窮地を切り開いて行く道を、根かぎりたずねるべきです。たずねあてた道は、どんなに険しくとも、後に退《ひ》いてはなりません。

私たちの行き詰まりはまたどこから来るでしょう。自分のせいもあり、他人《ひと》のせいもあり、世の中のせいもあり、二、三代も前からのたたまりのせいもあります。そのさまざまの重荷を負わされて、その苦しみを最も深く感ずる人は、多くの人のために、その行き詰まりを打ち開くべく、第一線に立たされているのです。その大切な使命を自覚して、愛と勇猛心を持って、祈り励まなくてはなりません。

多くの悩みある人を、単に不幸な人と見るのは間違いです。悩める友を持つ人は、だれでもません。

その人の貴《とうと》き使命を敬い、その困難な仕事を、それぞれの立場から、本気に助けなくてはなりません。

のみならず、悩みなき人はどこにあるでしょう。あらゆる方面に行き詰まっているこの世に棲《す》んで、その行き詰まりに心づかないほどに、眼前の欲望の満足に陶酔している人のほかには。人はなやめる蘆《あし》のもつれあう人の世、それ故にこの人の世は涙の谷だと思ってはなりません。人は皆その行き詰まりを打ち開くべき、貴い使命を負わされているのです。その打ち開きつつ進む一歩一歩が光栄ある生涯であり、希望《のぞみ》の花さく人生であります。

ここに集めた悩める友の真実な手紙と、いたらぬ思いを悲しみつつも、祈り心をもって本気に書いたその答とを、前二巻にあわせて、心をこめ読んで下さるならば、人の世の悩みのよって来たる筋道も、それを切り開いてゆく力も、必ず見出していただけるものと思います。

各人の持つ悩みの形は違っていても、多くの手紙を読んでいると、この人の世の悩みと、それと戦ってゆく力とが、ほんとうによく分かって来ます。私自身もこの年月、多くの悩める友の手紙に教えられて、人の世の様にも、愛にも、信仰にも、目ざめて来たことを、何よりも感謝しています。

昭和三年八月

羽仁もと子

目　次

巻頭の言葉――人の世の悩みとその使命＊

内気は悪魔……………………一〇一
母の秘密……………………一〇六
若き人々の落ち込んだ谷底からの叫びI…一一九
若き人々の落ち込んだ谷底からの叫びII…一二九
罪は罪を生むI……………………一三七
罪は罪を生むII……………………一四四
夫と彼女の関係……………………一四九
傷ましい心の美しいメロディ…………一六二
人間を粗末にした罪…………………一七三
男子崇拝の自己催眠…………………一八九
茶の間と書斎の通路…………………一九八
親爺主義の教育環境が生んだ性格悲劇…二〇七

人情のわからずや……………………一
病床にも事業あり……………………一三
誰が誰の世話になっているか分からない人の世…二〇
心海の暗礁＝勝気……………………二七
人権の神聖を知らない人々＊…………三四
狂暴の底にあるもの…………………四四
無理難題の底にあるもの……………四九
パンと情欲のほかに問題のない人……五七
最後の五分間…………………………七〇
天にまでつなぐ夫婦の縁……………七七
強い自力に他力を取り入れよ…………八四
読書しない夫…………………………九四

放縦な男女交際の果て……………………二三三
青年男女は異性を求める………………二四五
それはお人好しのせいです……………二五三
旧習の殻を破り出て……………………二六五
働きものの姑のわがまま………………二七二
働かない夫のわがまま…………………二八三
自分が自分を扱いかねる………………二八八
自己嫌悪病………………………………二九七
夫婦観のだらしなさから………………三〇五
自他の生命に対する冒瀆………………三一〇
善悪無差別の心…………………………三一七
結婚と信仰の問題Ⅰ……………………三三五
結婚と信仰の問題Ⅱ……………………三四四
家庭とその周囲の空気…………………三四七
夫ばかり妻ばかりを愛する心の破綻……三六〇
それは世間見ずからです………………三七一
再婚の可否を問われて…………………三七七

惹かれた箇所

人の世の悩みとその使命

巻頭の言葉

人の境遇の行き詰まり、人の心の行き詰まり、それはその人に、奮い立てよとの警鐘です。行き詰まりを滅びの前提と見るのは間違っています。私たちは来る本当の意味の死や滅びは、行き詰まっていながら、その行き詰まりを感じない人と、あきらめてしまうところに来るものです。

私たちは、行き詰まりを感じて苦しむ時には、感謝しつつ勇気をもって、正しい方法によって、その窮地を切り開いて行く道を、根かぎりたずねべきです。たずねあてた道は、どんなに険しくとも、後に退いてはなりません。……人は皆その行き詰まりを打ち開くべき、貴い使命を負わされているのです。その打ち開きつつ進む一歩一歩が光栄ある生涯であり、希望《のぞみ》の花さく人生であります。

とても励まされる。

どんな時でもここを読むと、あきらめずにもう少し頑張ってみたいと思える。苦しい時が恵みの時と感じて前向きな気持にさせてもらえる。

小山　50代（M）

人の悩みに使命があるのだろうかと驚きました。が、悩みにも使命があり、人は悩みを打ち開くべき使命を与えられていて、悩みの先には希望があるということに、大いに励まされました。これからの人生にも、奮い立てよの警鐘を聞くことがあるでしょう。著作集の言葉に鍛えられながら、一歩一歩進めるよう祈りつつ歩みたいと思います。

徳山 60代 (T)

思い悩み思い煩う時に、これらの言葉は、何よりの励ましになります。自らの使命についてもより深く考えることになります。それは自身の再生であり、悩みが希望へと変わる瞬間でもあります。奮い立ちつつ「今日も明日も次の日も我は進み往くべし」です。

倉敷 60代 (M)

> **人権の神聖を知らない人々**
>
> すべての人に与えられている、人権ということがよく分っていれば、自ずから他人をも自分をも犯すべからざる人格として見たり扱ったりすることになり、親が子を見るのでも、自分の所有物とは思わなくなるのです。

ここを読んだ時、自分の生い立ちを想い、また交流のある人々に対する自らの心を省みることができました。高年になった両親、結婚した子供世代、友との交流の中で様々の問題の起きる時にも、神聖にして犯すべからざる自他の「天武の人格」を常に想い、相手に対する落ち着いた思いやりを保つことができるようになったことを感謝しています。

広島 50代 (T)

著作集刊行に贈られた言葉（二）　一九二七年婦人之友

吉野作造

時勢を指導する先輩のうちで、私は男では三宅雪嶺先生の言説に服し、婦人では羽仁もと子さんの幅もあり奥行もある評論を推します。今度論集を出さるると承って、何故今まで之をやられなかったかを怪まずには居られません。私なども雑誌に書いたものを能く本に纏めて出しますが、私の経験から推しますと今まで論集を出されなかったのは恐らく羽仁さんの謙遜からであったろうと察します。

果して然らば出るべき筈の羽仁論集の出なかった、出さないのではなくて出させなかったのは、一面に於て謂わば読者の責任と云わねばなりません。之も御婦人特有の御遠慮からでしょうが、今度友人や読者の勧説に動かされて先生自らいよいよ論集を出すことにされた以上、之を機会に天下幾万の読者は雑誌以外この論集の普及に依て羽仁先生の尊敬すべき感化力をひろく全国の隅々に行き渡らしむべき義務があると思います。

私は羽仁さんを最も尊敬に値する友人としてその言説の天下に普及せんことを冀《こいねが》うは勿論ですが、読者に向ってはその普及を助くることがその儘実に帝国文化の向上に奉仕する所以なるを指摘し、羽仁論集の出現を徒爾に終らしむる勿らん様切望してやまぬ次第であります。

島崎藤村

若かった日の自分の周囲を振返って見ると、当時早く学に志した少壮な婦人達もすくなくはなかったが、何時の間にか、私はそれらの人達の影を見失ってしまった。そういう中にあって、ずっと今日まで歩みつづけて来た羽仁もと子さんのような人を見つけるのは、それだけでも心強い。

私は女学生時代のもと子さんをよく知らないが、すくなくも旧い明治女学校に籍を置いたということから考えて、今日の成熟は偶然でないことを知る。読者はもと子さんの書いたものの中に、長い経験と勤勉とから成る幾多の知識と、平明で行い易い幾多の信条と、婦人之友という言葉にふさわしい好い助言とを見つけるであろう。

夫婦論

第八巻

夫婦一体

——巻頭の言葉——

夫婦一体とは動かすことの出来ない言《ことば》です。夫婦は一心同体でなくてはなりません。しかし実際われわれの夫婦について考えてみる時に、果たして夫婦一体になっているか、いないかという証拠はどこにあるでしょう。私はその証拠として、次の二、三の点をあげることができるように思います。第一に夫婦の目的が一つであるかどうかということです。夫は金を貯《た》めたい貯《た》めたいばかりの願いで働いている。妻はそれに頓着《とんちゃく》なく金を使っているという夫婦があるならば、それは一体でない証拠です。夫は始終大都会に出て、立身出世することを夢みている、妻は閑《しず》かな田園で、今のように安らかに暮らしたい希《ねが》いであるならば、やむをえず一家の方針を夫の好みに任せているにしても、それは夫婦一体といい得るものではありません。

第二に、ある夫婦がほんとうに一体であるならば、同じ苦楽を持っていなくてはならないはずです。もしも夫の、心から楽しむことに妻が無感覚であったり、妻の朝夕苦にすることを夫が知らずにいたり、ときとして夫の楽しみは、妻の苦痛とさえなっている夫婦があります。それは明らかに一体でない証拠です。妻はいつでも留守番をして、夫が朝から晩まで出ているのも、だんだん世界が別々になって、お互いの苦楽が通じ合わなくなっている形のように思われます。うちでは妻が病んでいる、夫はそのために夜を日についで働かなくてはならない場合であっても、妻は早くよくなって夫とともに働きたいという希《ねが》いをもって、克己してよい養生をする。夫も同じ思いに励まされて働いているならば、夫は妻の病苦をわが苦しみとし、妻は夫の骨折りを感謝して、そこに無上のなぐさめを得ることができるのですが、妻の心が病苦にとらわれ、夫の心が労苦にとらわれていると、そこでまた世界が別になってしまいます。夫婦の苦楽の相通ずるということは、夫婦の目的が一つであるということと関連して起こってくる場合が多いと思います。夫が酒杯に舌つづみを打つときに、妻はそれをよろこんでながめていたら、夫婦が目的を一つにしているのです。それだからうれしいのでしょう。そこで似たもの夫婦ができてしまうのです。似たもの夫婦は、夫婦一体とは似て非なるものです。むしろ似ぬもの夫婦でなければ、本当の夫婦一体の意味と価値《ねうち》を持つことができません。

昔の夫婦一体は、男性が本体で女性はその手足にすぎませんでした。昔の夫婦の目的は、夫をもりたてて、立身出世をさせることだったのです。今日の夫婦は、ある男性が、その使命と人格を、ほんとうになし遂げまた完全に発揮するために、ある女性の力を必要とするのです。ある女性は、やはり同様の目的のために、ある男性の力を必要とするのです。一方だけが他の力を必要とする場合に、要するものが要せられるものに対して感謝するのが、道理上からは正当と思われるのですけれど、道理ばかりでは出来ていないわれらの生《いのち》の実際は、一方のみが要求者で、一方が単に要せられるものである場合には、われわれの理性のみの勘定とは全然反対に、要するものが要せられるものを奴隷と思うようになるのです。いいかえれば、男性という優性な生《いのち》のために、女性という劣性な生《いのち》が犠牲になるのが当然だというようになるのです。日本といわず西洋といわず、昔からこの考えを人類の世界が、長いあいだ実行してきました。そうしてだんだんにそのあやまちを発見してきたのです。そしていまはその大きな失敗に心づいてきたのです。それで夫婦は男のためでなく、女のためでなく、彼は彼女を要し、彼女は彼を要するゆえであるということがわかってきたのです。たしかにそこまでは、ものを考える頭脳《あたま》にはわかってきたのです。そうすると、そこに当然起こってくる一つの問題は、彼が彼女を要し、彼女が彼を要するからこそ、夫婦が出来ているのである。もしも妻である彼女が夫である彼を要していても、彼が彼女を要さなくなったらどうでしょうか。また妻である彼女が、夫である彼を要さなくなったらどうでしょうか。昔の考えならば、それは容易《たやす》く解決のつく問題です。なぜなら、男子の必要のために妻があるのですから、夫にいらないといわれれば、いつでも離縁しなければならなかったのです。子なければ去るというのもやはり同じことです。離縁するほどでもないと思うと、勝手に他の女を愛しても、よかったのです。反対に女がそのようなことをすれば、もちろん非常に不都合なわけになるのです。

ところが双方の要求によって結びつくという今日の考えでは、夫でも妻でもどちらか、彼か彼女かを要しなくなったら、別れて少しも差しつかえないわけになるのです。恋愛の自由は夫婦の場合にもあてはまるべきものという考えも、ここから来るはずです。家のことや子供のことをするためには、いまでも妻である彼女を要している。しかし愛は別の彼女に感ずるのである。女もまた自分を養う収入のためには、いまも夫である彼を要している。しかし愛の対象は他の彼であるということもできるのです。しかし夫婦はもともと愛を基礎として結びつけられなくてはならないということは、今の人の皆思っていることですから愛がなくて夫婦でいるよりは、別れるほうが潔白でしょう。とにもかくにも、昔は男にばかりゆるされていたことを、いまは女にもゆるすことになりました。

自由が一方にのみゆるされていたときには、どんな問題の解決でもたやすかったわけですが、自由がその本来の面目である平等の相《すがた》をあらわしてくると、ことが面倒になるのです。夫婦のあいだで、彼が彼女を要しなくなっても、彼女が彼を要しなくなっても、他が依然として彼を要し、彼女を要している場合にどうなるでしょう。そうしてこれはまれにある場合でなくて、実にこのごろざらにある場合です。夫婦が同時に別れたい、別れようという気になる場合というものは、ほとんどまれでありましょう。別れる別れないというような極端な思いは幸いにもちもしないで、一生無事に世をすごす夫婦も、その内容をよく考えてみると、彼が彼女を熱心に要することもあり、彼女がより多く彼を要したり、ときとして双方熱心になったり、冷淡になったり、あるいは互いちがいになったりしているのでしょう。しかしそれはよいほうで、じつは双方とも一生のあいだ生《なま》ぬるくただ男女の寄り合い世帯というようなわけで、とうとう夫婦にはなりきらないですむのが大多数ではないでしょうか。

こうした実際の状態に、昔は夫をもりたてる、夫にかしずくということが婦徳の随一であると思わせて、夫婦というものに外部から熱をもたせ、いまはまた愛の自由という考えが、ありきたりの生《なま》ぬるい夫婦の世界に、一種の活気をそえていると思います。

男子の要求のために、妻があるという思想《かんがえ》でも、ほんとうの一体である夫婦が出来ません。双方の要求のために一緒になるのだという思想でも不十分です。男も女も年ごろになると異性にひかれる。各自の性格によって、ある男子を愛し、ある婦人を愛する。さらにすすんでは自他の人格の完成のためにも、愛する異性と結婚生活に入ろうとするのでも、ほんとうに夫婦一体の理想には叶《かな》わないのだと、私は思います。

われわれの結婚するのは本能のそうさせるためでもあります。愛するがゆえでもあります。生きていく上に便利なせいでもあります。各自の人格完成のためになるからでもあります。すなわちある彼がある彼女を要求するからであります。しかしそれだけでは足りません。彼のための結婚でなく、彼女のための結婚でなく、各自の夫婦のための結婚です。

前に私は夫婦一体となるためには、夫婦の目的が一つでなくてはならないといいました。夫は自分の本能や愛や便利やその人格の完成などのために結婚し、妻もまた同様であったならば、その目的は二つになります。それでその一方の要求が満足されないことになれば、夫婦を破壊して差しつかえないことになります。

だんだん深く考えてみると、夫の都合や要求のために夫婦があるのでなく、妻自身のために夫婦があるのでなく、二人の異性がその愛の手引きによって、あらんかぎりのものをささげて創造《つく》り出した新しい一つの人格に、私たちはわれら夫婦という名を与えるのです。人格を自覚するところには使命があります。われらおのおのに使命があるように、彼と彼女のつくり出した人格である夫婦に使命があります。男性の生《いのち》も偏《かたよ》っています、完《まった》きものではありません。女性の生命も同じことです。各自に個性を持った男女両性の愛の結合によって真実につくられる夫婦と称する人格によって、われらはこの世において円満な人格を見ようとします。そうしてそれがまた各自にとって娶《めと》り嫁《とつ》ぐ必要のない完全なる人格に達する道になるのです。天国においては「娶《めと》らず嫁《とつ》がず」とあることを思い出してくださいませ。

われらおのおのの人格を創造《つくり》たまいしものはまた、その個性をもっている二人の男女を材料として、夫婦という人格をこの世につくって、重い使命をその上にお負わせになるのです。その重大な使命が、一歩一歩果たされていくところに、大いなる幸福と、光栄と、各自の人格の成長があるのです。私の天縁ということをしきりに思うのもそのためです。神の合わせたまえるものを、本当に見出して一体となるために、若き人びとは本気にその天分をみがきつつ、落ちついて謙遜に祈り求めなくてはなりません。すでに結婚生活にあるものは、そのわれら夫婦の人格をつかまなくてはなりません。それをみがきそれを成長させなくてはなりません。「神の合わせたまえるものは人これを離すべからず」ということは、むしろ天縁というものは、人の手で結んだり離したりすることが出来ないものだというところに、より深い意味があるのだと思います。

結婚をあるいは軽率に、あるいはわがままに、あるいは功利的に、あるいは余儀なく、あるいは愚かにすることとは、天縁ならざる結びつきをつくるのです。すなわち野合《やごう》の夫婦です。夫婦間に悲劇の多いのは、一つはこのためであり、他の一つはめいめいのために夫婦があるのだというまちがった思いのために、夫婦一体の人格を自覚せず、したがってその錬磨と成長のために苦しむことが足りないからです。せっかく結ばれた天縁も、われらのこの無自覚のために、やぶれたり見栄《ば》えないものになったりしていることが、どんなに多くあるでしょう。

終わりに、ある人びとは、一つの深刻な問題を私に向かって問いかけてくるでしょう。私は結婚しました。そうしてたえず苦しんでいます。それは天縁ならざる夫婦をあえてつくったためかもしれません。もしそうであったら、なんという呪《のろ》われた立場にたっているのでしょう。いまこのきずなを解き去ろうにも、多くの子供らをどうしましょう——と。

この声をきくたびに、悲しみの少なくない夫婦の世界の実際を思います。どんなに天縁を信ずるものでも、実際にどの夫婦が天縁であるかないかを知りません。しかし神を信ずるものは、このことをいい得ることを、われらすべてのために、感謝してよろこぶことができます。それは、ある夫婦がほんとうの天意にかなった結びつきでなかったときにも、すでに実行されていることはすなわち許されたことです。誠実にその境遇においての努力をなして、ふかく祈って行手を示されることを求めるならば、清められることができるものだということです。忘れてはならないことは、夫婦は、いつでも二人が一緒になってつくる人格です。一方が清められることができても、一方がそうでない場合には、どうすべきか、どうなってゆくものか。それは、われらを支配したもうもののみ知りたもうところです。すなわち落ちついてまかせまつるべきものです。

またある人は、とんとん拍子に成功するから、自分たち夫婦こそ天縁を得たものであるという人があっても、だれもそれに裏書きすることはできないはずです。幸いに喜んでくらしていることのできる夫婦でも、同じようにふかく祈らなくてはならないことです。ほんとうに自分たち夫婦に負わされている使命を、果たしつつあるかどうかを分からせていただくために。

夫を天とすることによって、ある間はとにかく落ちついていた夫婦の道が、各自の人格の発見によって、不安なものになってきました。今後われわれは各自の人格の上に立脚した、新しい夫婦一体の道を会得し体験しなくてはなりません。そしてそれはじつに尽きざる幸福の道、清らかな人倫の泉の源であります。

牧《か》うものなき羊のような、いまの男女の世界に、夫婦のことは書いても書いてもなお足らない気がします。篇中、最初の部分は、夫婦についてのその折々の感想であり、静子の巻と花子の巻は、自分のこの感想を、実生活に応用すると、こうもあろうかという記録です。文学として見るべきものでないことはいうまでもありません。私たちの学園の卒業生が結婚するたびに、私は新しい聖書のはじめに、多くは次の言葉を書いて贈ります。

汝《なんじ》ら心のうちに塩を保《たも》ち、かつ互いに和《やわ》らぐべし。――マルコ伝九章五〇節――

夫婦は相互いに独立自由の人格であること、自由の人が一体になるところに、夫婦生活の妙味はかかっています。

天は高く、秋晴れて、私の著作集の第四回配本のための労作も首尾よく終わりました。締切の日は、ほんとうにうれしいのです。いくたびいっても重荷をおろした喜びというよりほかはありません。どうか少しでもみなさまのお役にたつように。

昭和二年十一月七日

羽仁もと子

目次

巻頭の言葉――夫婦一体＊

一　夫婦調和論＊……八三
二　主婦と職業＊……九三
三　未亡人論……一〇一
四　結婚と教育……一〇六
五　結婚生活の成功と失敗……一一七
六　夫婦協力の実話……一二七

夫婦論

一　理想の花嫁花婿……三
二　結婚と遺伝……一〇
三　早婚か晩婚か……一三
四　結婚と恋愛……二三
五　約婚時代……三三
六　新婚時代の生活法……四三
七　真の夫婦生活へ……四九
八　長所の禍い……五六
九　夫婦と合性＊……六〇
一〇　夫道婦道および母道……七〇

夫婦論

静子の巻

一　母の教訓……一五四
二　新世帯……一六五
三　知らぬ間の働き……一七四
四　忍耐の日……一八二
五　茅屋の主婦……一九四
六　信仰問題……二〇四
七　月下の清話……二一六
八　さまざまの望み……二三一
九　希望の曙光……二五四
一〇　砕けたる心……二六三
一一　恵まれたる家……二七三
一二　世の光地の塩……二八二

花子の巻

一　新婚の夢……二九八
二　虚栄の牢獄……三〇二
三　自己の発見……三〇九
四　思いがけぬ客……三一七
五　妻の威厳……三三一
六　意外のしらせ……三三八
七　人形の家……三四六
八　清き理想の勝利……三五二

惹かれた箇所

夫婦一体　巻頭の言葉

夫婦は一心一体でなくてはなりません。果たして夫婦一体になっているか、いないかという証拠はどこにあるでしょう。私はその証拠として、次の二、三の点をあげることができるように思います。第一に夫婦の目的が一つであるかどうかということです。第二に、ある夫婦がほんとうに一体であるならば、同じ苦楽を持っていなくてはならないはずです。

私たちは結婚五十年になりますが、夫婦一体とは、互いに頼りすぎないことです。それでいて、いつも互いを心にとめて、思慮深くありたいと思っています。よろこびも哀しみも分かち合った二人の長い道のりを振り返ると、夫婦の目的が一つであることの大切さが、深く身に浸みます。

山口　70代（Ｉ）

夫婦一体　巻頭の言葉

私たちの自由学園卒業生が結婚するたびに、私は新しい聖書のはじめに、多くは次の言葉を書いて贈ります。

汝《なんじ》ら心のうちに塩を保《たも》ち、かつ互いに和《やわ》らぐべし。

―マルコ伝九章五〇節―

夫婦は相互いに独立自由の人格であること、自由の人が一体になるところに、夫婦生活の妙味はかかっています。

夫は片田舎で封建的気風の残る所に育ったのに比べ、私は比較的進取の気性のある家で育ちました。特に子育てにおいて意見のくい違いがあって、心を一つ目的を一つにすることは難しいことでした。著作集の言葉によって人おのおのに与えられている賜があることや和らぎつつも塩の役目をなくしてはならないと思って来ました。結婚四十五年余、私がつっ走るときは夫の考えや性格によって正され、夫も偏屈や封建的な考えがだんだん変えられて来ました。二つの異ったものが、新しい一つのものに創造されて来ていると思います。

浦和 60代 (A)

夫婦と合性

夫婦は相互いに理由のない束縛や干渉をし合わずに、めいめいに責任をもって、自由に快活に行動して、しかも互いに同情と敬意を失わないようにするのが、もっとも幸福な生活法である。

夫が定年退職した当時は「今までご苦労さま、どうぞ、ゆっくりしてください」と感謝の気持ちでしたが、月日が経つにつれ、「好きな読書や庭仕事、ウォーキングばかりでなく、もっと家事を分担してほしい。地域のために力をだしたら……」と何事にも生ぬるい自分のことは棚にあげた、注文ばかりの自分に気づきました。この食い違いは何だろう、自分の物差しで人を測らない。相手の人格を尊重するということは、いつも頭にあったはずなのに・・・。そんな時にこの言葉に出合いました。「ほんとうの意味の幸福に達するには多くの努力が入用」という文もありました。今こそ、単なる似たもの夫婦でなく、高い意味の合性をめざしたい。

宇部　60代（A）

夫婦調和論

夫婦は事業なり

夫婦もやはり一つの事業だという気がしてなりません。あちらにもこちらにも苦しい仕事が沢山あるのに、楽しかるべき結婚生活すらも、また一つの事業だと考えるのは、なさけないようにも思います。しかし実際夫といわれ妻と呼ばれるものの生活が、他のいろいろの事業のように、相互いに苦しんで経営して行かなければものにならないのですなら、ここに夫婦は事業だというのもよんどころないわけでございます。

ほんとうに人を了解するのには、どうしてもその人に対して同情と親切の心を持っていなければなりません。

ひとり欠点ばかりでなく、夫の自覚せずにいた長所は、妻の働きによって発揮され、妻の自身に知らなかった長所が、夫のおかげでひきだされる場合がたくさんあるのです。消極的に積極的に、互いに感化しあい発達しあって、ほんとうに大きく調和した夫婦になるのには、多くの忍耐と努力がいるのでございます。しかもその仕事は、夫婦にとって実にたのしい事業なのです。

「夫婦は事業なり」の言葉が強く心に残りました。結婚して六十年余り、互に認め合い努め、感化し合って、より豊かに成長し、本当の夫婦になれたように思います。　東京第三　80代（W）

主婦と職業

主婦もまたそれぞれの境遇に応じ、才能に応じて、つねに生産的の方面にできるだけの工夫をもこらし、力をも尽くすようにすることが、ただ一家の経済の上に好都合であるばかりでなく、精神的の方面にもより多くの幸福をうけ得ることであろうと思います。

私どもは疲れきるまで働いてはなりません。しかし毎日汗の出るまで働かなくてはなりません。心も身体も十分に働かせることは健康と進歩を望むものの、必ず努めなくてはならないことです。考えてみればみるほど、種々さまざまの方面から、私どもは家事の切り盛りをさえしていれば十分であるという思想は間違っていると思います。

このことばに励まされました。三人の子供が幼い時からその成長に伴って少しずつ出てくる余裕を私自身の成長のためにも用いたいと努めました。そして子供に手がかからなくなって三十年余り仕事を持ちました。

今老年になって、若い時のようには働けないこともいろいろありますが、心も身体もそして頭脳も働かせて生きることの大切さを強く思い、日々努めて居ります。　東京第三　80代（Y）

家事家計篇

第九巻

人生の朝の中に

——巻頭の言葉——

今、この篇を書き終わり編み終わって、ほっとしました。身辺に雑然と積み重ねてあったものを整理した時の心地よさです。そしてこの仕事この感じさながらに、家事家計の整理そのものを現わしているといいたいと思います。

私はまたこの篇の中に、一日のおもな仕事は、朝のうちに、午前のうちに、一週間のおもな仕事は週間のはじめのうちにということを書きました。人一代のうちで、新家庭時代は、ちょうど働く人の朝のようなものです。規律正しい生活をして、よい健康を保ちつつ、夫も妻も精出して働きましょう。賢い心をこめてつくった家の規律は、赤ん坊に働いて、そのよい笑顔になり、幼児の笑顔はやがて叡智《えいち》にかわっていきます。早くも、忍耐と勤労の上に建てられつつある整然たる家計は、ひとりでに働いて、子供たちの強い筋骨と意志をつくります。貯金は、早くから始めるほど利に利を生んでいくように、私たちのよい家事と家計も、出来ただけずつそれ自身働いて、その日その日の私たちを助けてくれます。私は心から若い方々のご奮発を祈ります。

これまでの主婦は二六時中家事にのみ没頭していました。そのことがまだ私たちの頭にも残っているものですから、あの家の奥さんは、ほんとによい家持ちだというのをきくと、どうせほうきや雑巾《ぞうきん》を友だちに、家の中にばかりいるのだろうというような気がします。けれども一概にそう思うのは私たちの頭が古いのです。家事の急所を心得て、そこに力を入れさえすれば、どんなにせわしい人でも、朝と夜とで一時間半または二時間、自分のたてた方針に従って、家人とともに家事をつとめ家務《かむ》を見ることによって、きっと立派に整理していかれます。この篇のために、あらためて家事についての思いを練るあいだに、私自身もどんなに自分のこれまでの愚かさや、意志の弱さ――つまり本気でなかったことを発見したでしょう。そしてそのたびごとに、きょうから改めて家を持ちたいと思ったでしょう。

考えてみると、私どもはいつからでも新しくなることが出来ます。朝《あした》に道をきいたら、夕をまたずに実行すればよいわけです。一人一人真剣な主婦になりましょう。私たちの家は私たちの城です。一つの城をあずかっている自分たちは、楽しんで自分の城の中を立派にしましょう。まず一つの部屋をきれいにしても、すぐと目に見えるから愉快です。目に見える家事にばかり興味を持って、精神的方面の経営をおろそかにするのは、あぶない崖の上に大きな家を建てるようなものですが、目に見えることからはじめて、目に見えないことにおよぼしていくのは順序です。

不景気の問題も、家々の事務から経済から筋道をたてていったら、その力で半分はらくになっていくでしょう。そうしてめいめいの一城《じょう》をあずかる私たちが、この篇の終わりに提案してある主婦の会などによって手をつなぎ、この国の生活によい規律を与え、経済にむだをはぶいていったなら、世界の市場はすぐと賑わってこなくても、豊かな気持ちで暮らせるようになるでしょう。

この家事家計篇がみなさまをそうした興味にまで導いていくことが出来るかどうか。はじめから終わりまでどうか読んでいただきたいと思います。つたない労作を、みなさまのその厚いご同情によって、役にたてていただきたいと、ただ心からねがっております。

昭和二年十月十四日

羽仁もと子

明治三十六、七年頃から数年の間、私は家政学校のじつに熱心な生徒でした。その家政学校は、新家庭の主婦という、私の境遇の上に建てられた誰の目にも見えない学校でした。

私は私の心にひとりで建てた家政学校の先生を、どこからたのんで来たでしょう。はじめは見当もつきませんでしたが、私はだんだんにいろいろな方を見出しました。みなほとんど自分の目で見つけました。佐治実然氏、加藤富子夫人、鈴木春代夫人、佐々いち子夫人、田中米子夫人、西巻都児子夫人、ミセスボールス、ミセスコーツをはじめ、西洋人にもいろいろの方がありました。しかし私は唯一個の主婦であったら、決してこんなに多くの先生方に教えていただくことが出来なかったのです。第一そう方々まわり歩く時間がないわけです。しかし一方でそれは自分の職業でした。私が私の家政学校で熱心に勉強することが、直接に私の職業の要求をみたしてくれるのでした。もしまた私が単なる雑誌記者であったら、まずそうした立派な先生も見つけだすことが出来なかったでしょう。かりに誰かがそのいろいろな先生に私を引き合わせてくれたとしても、なれない家事に苦心している私が持っていたような適切な質問を、決してそのよい先生の前にだしていくことが出来なかったのです。先生次第で生徒がよい勉強が出来ます。しかしまた生徒次第で、よい先生はますます力を出してくださるものです。私はまた時をおしまず、家政学校のよいノートをつくりました。それが今日も生きて働いているのです。

私はこの実験によって、女性によって本当に選択された職業は、家庭生活と完全に一致し得るものであることを、以前から今日まで堅く信じているものでございます。

目次

巻頭の言葉——人生の朝の中《うち》に＊

第一章　家庭経済の出発点と到着点

一　家事家計の目標……一

二　一家の財力と労力の基礎……二

三　収入一年分の準備金＊……五

四　家庭経済の理想……七

五　家庭は簡素に社会は豊富に＊……一〇

第二章　貯金と借金

一　生活費との割合……一三

二　健全なる借金……一七

第三章　生活費とその予算

一　中流家計の場合……二二

二　小家計の場合……三六

三　大家計の場合……四一

四　各費目の内容……四八

五　一家収支の記帳……五三

六　豊かな心で＊……六五

第四章　家事整理の根本

一　仕事の予定……七七

二　時間の予定……八一

三　家庭生活と労力＊……八三

第五章　家事整理と時間
一　寝る前の家＊……九〇
二　起きたての家……九二
三　一週間の暮らし方……九四
四　一年間の家事予定……九五
五　主婦の時間割……一〇一
六　家人の日課……一〇四
七　時間励行の実例……一一二
第六章　家事整理の実際
一　ガラクタのない家……一二一
二　置き場所のきまった家＊……一二八
三　家庭に献げる家人の労力……一三三
四　女中まかせの台所……一四四
五　家人との協力を導き出すまで……一五三
六　家人に与える家務の訓練……一五五
七　洗たくと裁縫に要する時間……一六九
第七章　住居について
家の扱い方……一七七
第八章　衣服について
一　衣服費の節約……一八七
二　一張羅主義と物持ち主義……一九二
第九章　買いものについて……一九九
買わないとおきめなさい＊
米の分量に注意すること
たたみかけてものを買わないこと

買い置きの利益
買い置きの不利益
金を使わずにものを使え
廃物利用の意味
家政の統計
台所と数量
第十章　よき経済法の実例……二一三
第十一章　交際の心とその工夫……二三五
英国のアトホーム
簡易な茶話会
簡易な園遊会
第十二章　言語と容儀……二四一
第十三章　家庭と娯楽……二四七
よき、ほどよき楽しみ
ある新年に
第十四章　家庭生活と時勢
健全なる平民的生活……二五三
地方の家庭に望む……二五八
家庭の婦人は果たして多忙なりや……二六三
世帯の苦労……二六七
わが国中流の服装に対する提議……二七四
自他の才能の提供と利用……二八七
坐食より勤労へ……三〇四
時代の要求する家庭生活の組織……三一一

女中訓

福々しき身の上となるために＊……三三五
賢い人と賢くない人と……三三九
自由時間を無駄にしないように……三三三
味わいて食事せよ……三三七
二つの心得……三三九
目と頭を忘れてはいないか……三四三
掃除のしかた……三四八
雑巾がけのしかた……三五三
炭火の扱い方……三五八
留守居の心得……三六四
使いにいくとき取り次ぎに出たとき三七〇
こうすれば子供に好かれます……三七一
こうして子供に食事をさせる……三七七

惹かれた箇所

人生の朝の中《うち》に　巻頭の言葉

考えてみると、私どもはいつからでも新しくなることが出来ます。朝《あした》に道をきいたら、夕をまたずに実行すればよいわけです。

この言葉に出合ったのはまだ会員になる前、『かぞくのじかん』（婦人之友社刊）を購読し始めたころでした。この一篇を読んで、自分を振り返るきっかけになり、素直な気持ちになりました。勇気をもらった気さえしました。忙しさを言い訳に家計簿を挫折してしまった私でしたが、羽仁先生の言葉は温かく、そしてきびしく導いてくれる道しるべ のようでした。これからも宝物のような羽仁先生の言葉に出合えるかと、思うとうれしいです。　豊橋　30代（Y）

家計簿の記帳が出来ていない私の頭の中にいつもこの言葉があります。いっそ逃げ出せたらと思いますが、新しくなってみたいという気持ちが軌道修正をしています。　浜松　50代（H）

義母を自宅で介護することになって、今まで仕事人間だった主人が家事に協力的になりました。食後の器の片付けをしたり、夜は「寝る前の家」（この巻の一項）にしてくれます。「人はいつからでも新しくなることができる」生活上の基本ですが、子供たちにも「お父さん変わったね」と言われています。

八戸 50代（M）

入会して初めて出合った著作集が『家事家計篇』です。七歳の時、戦争で祖母、母、姉を亡くした私にとって、家事家計篇はとても具体的に書かれていて、母の教え、母がわりでした。まだまだ一歩前進、二歩後退をくり返していますが、羽仁先生の著作集に出合えたことは、ほんとうに感謝でございます。

浜松 70代（S）

学校帰りにふっと立寄った書店で羽仁もと子先生の著作集『家事家計篇』を見つけました。早速ページを繰り一頁目の巻頭の言葉「人生の朝の中に」を読みました。その中に、「考えてみると、私どもはいつからでも新しくなることが出来ます。朝に道をきいたら、夕をまたずに実行すればよいわけです。一人一人真剣な主婦になりましょう」とありました。十七歳の私でもよく解る励ましの言葉に早速「これだ」と思い、求めて帰宅、一生懸命に読んだことを想い出しました。著作集に導かれた一生です。

新宮 70代（F）

人生の朝の中《うち》に 巻頭の言葉

目に見える家事にばかり興味を持って、精神的方面の経営をおろそかにするのは、あぶない崖の上に大きな家を建てるようなものですが、目に見えることからはじめて、目に見えないことにおよぼしていくのは順序です。

目に見える家事全般に筋道をたてることを知

り、「ガラクタのない家」「置き場所の決まった家」「寝る前の家」「起きたての家」「仕事の予定をたてる家」など『家事家計篇』に書かれていることを実践することにより、目に見えない心の中が整理され、物事を深く考えるゆとりも出て来ることを学びました。目に見えることから見えない方へ導かれた言葉です。

広島 60代 (S)

収入一年分の準備金

現在の収入の一年分を準備して持っていれば、私たちはその金額で現在の一年を暮らしていきたいと思います。すなわち去年の収入で今年暮らしていくというのと同じことになるのです。……もし一年間全然収入がなかった翌年は、もちろん食べずにいるわけにいきませんから、やむを得ず現在の収入によって生活していくにしても、一年間の収入をいつも準備金として持っていることを原則としていれば、できる限りの節約をして、だんだんに準備金をつくっていくように、いろいろな工夫も努力も克己もする気になるものです。

わが家は自営業なので、結婚当初から収入が大変不安定でした。仕事があればかなりの金額の収入にはなりますが、ないとなれば半年でも、生活を支える収入がありません。それゆえ、この箇所を読んだ時、「はやく一年分の生活費をためよう」と心に思いました。

収入が多い時も家計はふくらませず、衝動買いもせず、いつもつつましく生活してきたことが、懐かしく思われます。

津 50代（O）

家庭は簡素に社会は豊富に

ぜいたくな生活をする人たちが、物資を消費しすぎるために、一方に乏しすぎる暮らしをする人の多くなる社会は、理想の社会ではありません。……われらおのおのの小さい家は簡素でありたい。そしてわれらの住む社会という大きな家庭は、じつに行きとどいた豊富なものでありたい。みなが協力して、そうした社会を築こうとするのは、ほんとうにこの社会を一家のごとくにし、人と人とを真実に同胞という自覚にめざましてくれるものです。

この言葉にふれるまでは自分の家が豊かになることだけに思いがとどまっていたと思います。社会に目が向けられるようになったことは、私の生き方に、とても大きな価値がありました。

松本 50代（O）

友の会に入会した一九七六年、羽仁もと子案の家計簿の項目に公共費が入っていることを知りました。著作集の中に「家計は簡素に　社会は豊富に」という言葉を見つけ、そうありたいと思い続けていました。

若い頃は経済的に大変な時もありましたが、年代ごとに少しずつ増やすことが出来ました。今は年金生活になりましたが心がけています。昨年亡くなった母の遺品が増えて家庭は仲々簡素に暮すことが出来ず悩んでいます。

札幌第二 60代（K）

友の会入会を決めた言葉です。家事家計講習会に招かれてこのスローガンを見た時、こんなことを考えている婦人の団体がある驚き、今でも忘れられません。

名古屋　70代（S）

友の会に入会する前に最初に耳にし、感銘を受けたのがこの言葉でした。現在、百年に一度といわれる世界同時不況に揺れ動く中、ここの文章は今の政治家や官僚に読んでもらいたいとさえ思う色褪せない内容です。経済大国だ、豊かだと思われてきた日本社会に今求められているのは、物質に頼らない簡素な生活であり、それに必要なのが羽仁もと子案の家計簿であると思います。我が家も長年この家計簿に支えられて歩んできましたが、人生の証しとして生き方を見極めつつ、これからも予算生活を励んでいきます。

伊勢　70代（M）

年齢を加えると共に、残り少い命をこの言葉に生活を少しでも近づけたいと強く思うようになりました。

多治見　90代（Y）

> **豊かな心で**
>
> 各人の私《わたくし》の家計や財産も、その一面においては、社会公共のものであることは、いうまでもないことであります。一方でむだをする人びとがあれば、他方に欠乏を感ずる人びとができます。

それまで個人の家計と社会が連がっているとは考えていませんでした。この考えに強く打たれました。それ以来、便利だ、手軽だからというだけでは、ものを買わなくなりました。

松本 50代 (G)

家庭生活と労力

一家の日常生活の労力の基礎は、病人でないかぎり老人や幼児でないかぎり、自分の身のまわりは必ず自分で始末すること。その上にできるだけ家内の労力に寄与したいという思いをもって、事情の許すかぎりをすることとです。

十代の頃から考えていた人の生き方の基本が文章となっていることに、初めて読んだ時は感動しました。家事が不整理のままでしか、日々過ごせていませんが、この考え方だけは家庭で実践できているように思います。松阪 40代 (I)

寝る前の家

手早く仕事にかかろうとすれば、またいつでも後始末をよくしておかなくてはなりません。私はこの意味で、早くから「寝る前の家」ということを考えています。

友の会に入会し、先輩方の話を聞いたりこの著作集を読み、毎日実行するようになったことは寝る前に台所のシンク内の水滴を拭きとることです。翌朝起きた時スッキリしているシンク内を見ると気分がいいです。文章の中に書かれているように「寝る前の家の部屋全てが、朝の掃除のすんだあとと同じようになっていること」を目標に日々がんばっています。

松山 30代 (N)

置き場所のきまった家

私どもは本気になって、めいめいの家の中を整理して、ガラクタなしの家にしましょう。そうしてその次にものの置き場所をきめましょう。

ヘルパーさんらのお世話になっています。「置き場所のきまった家」の実践で、どなたが来られても、置き場所が答えられ、スッキリ暮らすことができています。

沖縄　90代（O）

買わないとおきめなさい

数ある欲望の中から選ぶよりも、すべてをあきらめてごらんなさい。するとかえって安心愉快。との明快な言葉はとても心に残りました。

在籍二年目の私の指針です。

宮崎　30代（T）

予算生活も十年以上過ぎたが、なかなか、予算を守って暮すことができない。しかし「今年こそは予算を守りたい!!」と思っている。予算を守るために、「買わないとおきめなさい」と心に置いているが、もう一つ、「パンは買わないとおきめなさい」と決めている。家で食べるパン、子どもが学校へ持って行くパンは、手作りにしたいと思っている。最寄会でも調理パンの実習をすることになり、楽しみだ。

大分　40代（K）

あれが、これが、安い便利、お買いなさいお買いなさい!!と毎日、折込みチラシ。ふっと、買いたい気持ちにさそわれる。そこで「待てよ

!!」と一呼吸。「買わないとおきめなさい」」。毎月、一日《ついたち》は「買わない日」と決めた。「家庭は簡素に社会は豊富に」の思想の具体的生活の一つの方法を教えていると思います。

沼津 70代(S)

福々しき身の上となるために

第一には容易に腹を立てないこと、第二には他人《ひと》をうらやまないこと、第三には時とものとをむだにしないように働くこと。この三ヵ条を忘れなければ、誰でもかならず福々しい身の上になることができます。

この言葉を読んで以来毎日頭に浮かびます。腹を立てる。他人をうらやむ、時間やものをむだにする。これはほぼ毎日のことでその最中は全く浮かばないのですが、すこし落ちついたころ、またやってしまった、と後悔とともにこの言葉を思い出します。まず、私自身が福々しい身の上となれば子供達、家族、友人も感化され、みんなが幸福になると信じているからです。

和歌山 30代(O)

ひとりでよく腹を立て、かなしい思いをしていたのでこの言葉はとてもこたえた。ものが乏しい頃に結婚したので、ひたすら工夫して楽しく生活した。でもケチではなかった。時間の使い方は命の使い方でもあることを知ってから衣食住家計をよく励んだと思う。八十三歳になったが、周囲の人にくらべて自分では気持がゆったりしているように思う。

直方 80代(Y)

著作集刊行に贈られた言葉（三）　一九二七年婦人之友

三輪田元道

羽仁さんは、改めて紹介しなくても、事実が無言の雄弁として語っていると思う。私は古いく昔、報知新聞の記者をして居られた頃から存じている。女史は恐らく婦人記者の元祖であろう。その頃書かれた訪問記は、その深い観察、その公平な態度に、読者はもとより、書かれた多数の人達が感謝していた事実がある。これは羽仁さん自身の人格の真面目さ、奥床しさを表しているものと今なお忘れ難い。羽仁さんの思想は常に世と共に推移し、而も常に一歩すすんで居られた。二歩すすめば空論になる。一歩進んで二歩進まない態度で、着実に歩いて来られたことは、すべての人の認めて感謝する所である。確かに羽仁さんの作品は、明治大正文化史とも見られ、思想界の潮流をもうかがうことが出来ると思う。この著作集を一人でも多くの女性が読むように願ってやまないのである。

吉岡彌生

私は如何なる因縁か、羽仁女史とは、三十年来の長き交わりを続けて居る。女史の思想、生活については、何人よりも深く、詳しく、知って居る積もりである。その半生の波瀾曲折を熟知せるものは、僭越ながら私を措いて外にないと思う。その人が、今や「羽仁もと子著作集」を発刊せらるるに就いては、萬感交々至り、またいうべき言葉を知らないのである。女史の思想に就いて一言すれば、浮薄なる流行思想に染まることなく、終始変わらざる主張を続けられ、その内容たるや、真摯なる宗教心と、穏健、実際的なる信念とを織り交ぜたる思想を持って居られる。斯る思想を、女史一流の流麗平明なる文を以て表現せられるのであるから、その文は、何人と雖《いえど》も、感動なくしては読過し得ないのである。女史は主張の人であり、信念の人である。私は日本のあらゆる家庭に、先ず此の「著作集」を備えられ、世の主婦、子女の思想が、女史の思想にまで向上せられる日の、一日も速やかならんことを希う次第である。

羽仁もと子著作集（第一巻—第五巻）

表紙画　平福百穂

1 人間篇

2 思想しつつ生活しつつ 上

3 思想しつつ生活しつつ 中

4 思想しつつ生活しつつ 下

5 悩める友のために 上

6 悩める友のために 中

7 悩める友のために 下

8 夫婦論

9 家事家計篇

10 家庭教育篇 上

11 家庭教育篇 下

羽仁もと子著作集（第六巻—第十六巻）

12 子供読本

13 若き姉妹に寄す

14 半生を語る

15 信仰篇

16 みどりごの心

羽仁もと子著作集(第十七巻—第二十一巻)

17 家信

18 教育三十年

19 友への手紙

20 自由・協力・愛

21 真理のかがやき

家庭教育篇　上

第十巻

最も楽しい事業

——巻頭の言葉——

人の世に何よりも楽しいものは仕事である。張り合いのあるものは仕事である。もしも私たちにすることが与えられてなかったら、毎日どんなにつまらないものだろう。

田園の人は、きょう耕した畑に、あすは種子《たね》をまこうと思って楽しく眠る。織りかけている機は、あすは終わるであろうと、ある人は待ち望む。市《まち》の人は朝早く起きて店を飾り、またある人びとは足を早めて、事務所《オフィス》に工場に急ぐ。緑の畑が麦を産し、涼しい青田が米になる。われらの労作は楽しいものである。

そうしてその楽しい仕事のなかでも、多くの愛らしい赤ん坊が、よい子供に、よい大人に育って行こうとする仕事を、手伝ってやる仕事ほど、楽しい仕事はないだろう。自分の手のなかにある赤ん坊ばかりでなく、わが子、他人《ひと》の子、世界中の揺籃《ようらん》を考えてみよう。そこに人生の涼しい青田がある。私たちはその農夫である。何という大きな事業であろう。何という楽しい仕事であろう。

そこに虫の害があるではないか、旱魃《かんばつ》があるではないか、洪水《おおみず》があるではないか、大風があるではないかとある人はいうだろう。自然を相手の仕事は、一面実に正直であり、一面実に冒険である。人の生《いのち》も大いなる自然物である。よい種子をまいてよく育てたら、法則に従って時も違《たが》えず美しく伸びて行くはずである。しかし古往今来《こおうこんらい》、本当にわが子を立派に育てた親が幾人あるだろう。無数に生まれて一人一人に異《かわ》った無量の生涯を遺して逝《い》った人のなかで、よい人とよくない人と、優れた人と劣った人と、満足した人としなかった人とを比べてみたら、本当の意味において成功した人々はいうまでもなく少ないであろう。こういうことは、私たちの親としてのうれしい気持を暗くする。折角楽しいものに思った事業《しごと》を、苦しいものに思わせる。不安に思いつつする仕事は、成功するものでないことは確かである。数限りなく生まれた人のなかで、よい生涯を送った人が少ないとすれば、それはこの二葉が成長するであろうか、花咲くであろうかと危ぶみおそれつつ育てた親や教師が多かったからではないだろうか。

生まれた赤ん坊に乳を求める心を教えた覚えのある母親は、どこかに一人でもあるだろうか。赤ん坊はその生存と発達になくてならないものを、熱心に求めることを知っている。それは人類をつくりたまいしものが、人類の本能のなかに、忘れずに用意してくださった働きだからである。その心もその身体と同じように丈夫に美しく育ちたいと熱心に望む本能《ちから》を与えられているのだと私は思っている。すべての人の親は皆そう思うことが出来るであろう。私たちはどこまでもこのことを信じて、しばらくも忘れてはならない。

生まれたばかりの嬰児《みどりご》は、乳を上手に吸うことを知らない、またいつ乳をのむべきかを知らない。はじめての母親も、まだ赤ん坊に乳をのませることが下手である。親も子も互いに骨折って、その大切な仕事を教えつ教えられつ、授乳と受乳をして行かなくてはならない。

よい子に育ちたい、立派な人間になって欲しい。それが人間の親と子の、天の父より与えられた最も根強い力である。どうすればよい子になるのか、ならせられるのか、それは親子の教えつ教えられつ共に骨折ってする、授教育受教育の仕事である。もしこの方法に間違いがあっても、上手下手《じょうずへた》があっても、よい子になろうよい人にしようとする二つの心は、人の希《ねが》いでなく神の許しであることを信じて、本気に祈りつつこの仕事に従事するならば、人生の最も確かな楽しい事業は、実に私たちのこの仕事である。

ある夜風朝風に、私たちの手から蕾のままに失われていった可憐《かれん》の宝玉も、いやまさる恵みの庭に成長し咲きいでていることを、また、この信念が私たちに証《あかし》してくれることが出来ると思う。

それぞれに異なる光をつつむわれらの宝玉よ。疑いもなく、すべての嬰児《みどりご》が宝玉である。母性の上に与えられた大いなる祝福よ。大いなる祝福は、必ず大いなる信仰と大いなる努力を通して完《まっと》うされる。

昭和三年一月十七日

羽仁もと子

目次

赤ん坊を泣かせずに育てる秘訣

一 夜の授乳……三
二 昼の授乳……一〇
三 規則正しき授乳のしかた……一三
四 赤ん坊のためにする毎日の手数……二〇
五 おしめはどんなのがよいか……二五
六 赤ん坊は必ず寝かせておくこと……三三

育児のしおり

一 自然の指示……三九
二 母親に対する愛慕＊……四一

巻頭の言葉——最も楽しい事業＊

三 放任主義と不注意主義……四二
四 子供を愉快ならしむること＊……四三
五 子供と規律……四五
六 親のめがね……四七
七 子供のなだめ方……四九
八 自信をもって導くこと……五〇
九 『悪戯《おいた》』ということ……五一
一〇 物の置き所……五二
一一 泣くまね……五三
一二 こわがらせること……五四
一三 言うと同時に行なうこと……五五

一四　それごらんなさい……五六
一五　叱られますよ……五七
一六　かた言……五八
一七　子供の進歩……五九
一八　若様お嬢様……六一
一九　子供と習慣……六二
二〇　ませた子供……六三
二一　子供の活動……六五
二二　復讎を教えること……六六
二三　あわてて物を隠すこと……六七
二四　ものを与え過ごすこと……六八
二五　愉快そうな子供……六九
二六　鷹揚な態度……七〇
二七　清潔な雰囲気……七一
二八　無邪気な教育……七二
二九　お祖母さんそだちの子……七三
三〇　総領子の幸福……七四
三一　みめ美わしき子供……七五
三二　必ず長ずる所あり……七七
三三　友だちのいない子とわがまま……七八
三四　わが子他人の子……八一
三五　一人遊びの害……八三
三六　不識の善……八五
三七　育児と日本家屋……八八
家庭教育の実験
第一　家庭教育の基礎＊
一　よい習慣を与えること＊……九三

二　習慣はいかに幼児を支配するか……九七
三　わがままに対する処置……九九
四　同情を養わせること……一〇一
五　理性を発達させること……一〇五
六　意志を鍛錬させること……一〇八
七　多くの長所をつくって置くこと……一一三
八　家庭教育と信仰……一一六
九　いかにして子供を神に導くべきか……一二一

第二　母親の陥りやすき誤謬

一　天分不相応の教育……一二七
二　神経的なしつけ方……一三三
三　もう少しの忍耐＊……一三六
四　子供と遊び友だち……一三七
五　子供どうしの物争い……一四一
六　兄弟げんかについて……一四四
七　男の中の女の子、女の中の男の子……一四八
八　言うことをきく子ときかぬ子……一五〇
九　おもちゃなどを与え過ぎること……一五一
一〇　お伽噺について……一五三
一一　子守の心得……一五六

第三　子供のために用意し経営したきこと

一　子供部屋の設備……一六一
二　戸外の遊び場……一六五
三　幼児に与うべき日課……一六七
四　誕生日の祝い方……一六九
五　子供のお話会……一七一

六　家　庭　祭……………………一七四

第四　長じたる子供について

一　少年少女時代の教育……………一七七
二　いかに子供を監督すべきか……一七九
三　教授法と復習について…………一八二
四　遅鈍な子供の教え方……………一八五
五　青年に対する親の心得…………一八九

第五　娘の教育法

一　縁談のためにする教育…………一九四
二　母親みずから感化の中心たること…一九六
三　教育に対する短見謬想《びゅうそう》…………一九八
四　いかに娘を教育すべきか（一）……二〇一
五　いかに娘を教育すべきか（二）……二〇五

続家庭教育の実験

みずから主たらしむる教育

一　満一年より二年まで……………二一八
二　良心、同情、理解力……………二二四
三　母親は子守にあらず……………二三〇
四　子　供　と　用　事……………二三三
五　子供の残酷性……………………二三七
六　子供に対する賞罰………………二四〇
七　泣声をだす子供…………………二四二
八　打つ方と打たれる方……………二四四
九　断らなくてはならない友だち…二四七
一〇　一人遊びの時と友だちの数……二四八
一一　一人遊びによい場所と機会……二五〇

一二　子供を幼稚園に入れることの可否……二五一
一三　違った風と違った意見……二五五
一四　他の子供の長所美点……二五七
一五　子供と金銭の教育……二五八
一六　子供と絵葉書……二六〇
一七　子供に小遣を与えて成功した実例……二六三
一八　子供と買い物……二六五
一九　子供と持ち物……二六八
二〇　子供を学校に送るについて……二七一
二一　二種の学校……二七六
二二　おさらいの方法……二七八
二三　濫読の害……二八一
二四　子供と夏休み……二八四
二五　子供と作文……二八九
二六　教えるものの哀しみ、教えるということの害……二九六
二七　子供のあるらしき家……二九七
二八　子供の歴史……二九九
二九　子供のために明日のことを考える……三〇四
父母のおしえ
一　時間割のこと……三〇八
二　食事のとき……三一二
三　ごほうびのお金……三一五
四　買い物のこと……三一七
五　聞かないふりをすると聾になる……三二〇
六　一人で考えてものをすること……三二四
七　人まねをせずに勉強せよ……三二七

八　勉強のしかた……………………………………三三三
九　友だちと遊んだおもちゃ………………………三三五
一〇『いや』という言葉……………………………三三七
一一　正直な心で勉強すること＊…………………三三八

子供の頭をよくする育て方

一　規律と理解………………………………………三四二
二　一時のがれと大げさ……………………………三四七
三　おどかすこと……………………………………三五二
四　お伽噺の話し方…………………………………三五七
五　小言のいい方……………………………………三六三

惹かれた箇所

最も楽しい事業　巻頭の言葉

その楽しい仕事のなかでも、多くの愛らしい赤ん坊が、よい子供に、よい大人に育って行こうとする仕事を、手伝ってやる仕事ほど、楽しい仕事はないだろう。自分の手のなかにある赤ん坊ばかりでなく、わが子、他人《ひと》の子、世界中の揺籃《ようらん》を考えてみよう。そこに人生の涼しい青田がある。私たちはその農夫である。何という大きな事業であろう。何という楽しい仕事であろう。

母としての喜びと、使命を気づかされた言葉です。

浜松　30代（A）

子供とひきかえに仕事をとりあげられたと思っていた若いころ、この一文に出合い、前向きに子育てができるようになりました。

知多　40代（T）

子供が生活団に入って、まずこの箇所を読書し、強く私の心に残りました。子育てを米作りとダブらせて考えるところが、農業をしている私の年老いた父の毎日一生懸命コツコツ田を鋤いている姿とだぶります。子育て真っ最中の私。もう子育てできないと挫折しそうになる折々に、この言葉「最も楽しい事業」と父の姿を思い出しては励まされています。

四日市　40代（O）

ここを読んだ時は、長男はまだ乳飲み子で、毎日寝不足。初めての育児に疲れ果て、育児はなんで、こんなにつらいんだろう?と感じることしかできなかった。けれど読み終えて、青田に例えられる、伸びていく人間の力の強さ、すばらしさ、命の尊さを実感。今、私はその青田を目の前にしていることに気づき、幸せな気持になった。狭くなっていた視点がぱっと広がった。子供がいまここにいてくれることに感謝したいと思った。

東京第三 40代 (T)

最も楽しい事業 巻頭の言葉

よい子に育ちたい、立派な人間になって欲しい。それが人間の親と子の、天の父より与えられた最も根強い力である。どうすればよい子になるのか、ならせられるのか、

それは親子の教えつ教えられつ共に骨折ってする、授教育受教育の仕事である。

母親になり、立派な人間に育てなければという気持ちでいっぱいの私に、子供にも「よい子になりたい」という気持ちがあることに気づかされました。子育ては一方的なものでなく、母と子の歩みだと思い知らされました。「今日もよい子でありますように」と祈る息子に助けられ、「私もいいお母さんになれますように力をお与え下さい」と素直に祈ることが出来ます。

上越 30代 (F)

母に対する愛慕

子供を養育する上にまた何よりも大切なのは、子供に慕われることだと思います。

深い親子の愛情を結ぶためにはまず、親が子供に向き合うこと、そうすれば子供にも信頼され、さまざまな場面において互いの意志を尊重する関係になれるのでは、と思います。子供だから…というような態度でなく、きちんと向き合わなければと日々の育児を振り返りました。

浦和 20代（T）

子供を愉快ならしむること

子供を取り扱うことについて、第一に心掛くべき要件は、子供をして常に愉快にあり得るようにということです。もしも母親がどんなことが子供のためによいことで、どんなことが悪いことだというような標準にのみ心を奪われ、たとえば子供がよくない遊びをしていた時に、無理やりにその遊びをやめさせるとか、またいうことを聞かない時、泣かせてでもやめさせるということは、百計つきた場合にのみ限ることで、何でもかでも、悪いことはやめさせればよいというので、子供がそのためにどんな苦痛と不愉快とを感ずるかということを度外におくのは、最もよくないことです。

子供が成長してくると、叱ることが多くなり、怒った後の自分がいやで落ちこんだり、涙が出たり。子供に、どうしたら怒らなくていいか聞くと、いつも「ママが、怒るのをがまんする」「怒らない練習をしてお励みする」と、こちらががっくりする答えばかり。本人が反省して良い子になると言ってくれることを期待していたのに……。そんな時、改めて読んだ箇所です。これを読んで、我子を叱ることで、自分自身をかえりみると、私の都合に合わせようとか、私の思い通りにならない時のことが多く、我が子のいう通り怒らない練習？が大切と痛感し、それ以来、私自身の気持ちが変えられ、叱ることもずいぶん減りました。

熊本 40代（A）

一人目の子育ては、不安と悩みと迷いの連続で、とても神経質になっていたと思う。

そのような時、友の会を知り、ある時「大人でも子供でも楽しく過ごす一日と、不愉快に過ごす一日では大きな違いがある」という言葉と出合った。育児の中で母親の役割がどれほど大きいかということを初めて教えられた瞬間だったと思う。

以来、読書を通じてたくさんのことを学んできたが、そのスタートとなった言葉として忘れられない。

藤沢 40代（I）

家庭教育の基礎

家庭教育に最も大切なものは、いうまでもなく家庭の空気です。子供をよいものにしようと思うなら、先ず第一にその家庭を清潔にしなくてはなりません。

今まさに六歳と一歳未満の子供をよく育てていくには、どうすればよいのか…。つい子供をどうにかしよう、と親は「導き方」をいろいろ模索しがちです。

けれど肝心なことは両親がまっとうな家庭を築き、家族皆が安心できる居場所であることが大事なのだと気づかせていただいた言葉です。

札幌 30代（I）

家庭教育の基礎

まずよい習慣を与えること、さらにその上に善悪を判別する力と、悪をすてて善につくという確乎《かくこ》たる操守と勇気とを養わせることに、最も多く気をつけなくてはなりません。私はまず家庭教育の基礎となるべきこれらの事柄について、大体の考えを記したいと思います。

三歳と二ヵ月の二人の子供を育てています。今まさに良い習慣、善悪の判断力をつける大切な時期で、幼児期に身についたことが大人になってもその子を支える力になっていくという羽仁先生の言葉に励まされたり、自分に強く言い聞かせたりしながら奮闘する毎日です。

名寄　20代（A）

よい習慣を与えること

まず叱らずにすむようにするということが、子供を育てるものの最初の心掛けでなければならないと思います。子供がわがままをいっても叱らずに見のがしておくというのでなく、わがままをいうことがないようにしむけなくてはなりません。子供にわがままな心を持たせないのには、どうしたらよいかというと、まず第一にわがままも何もない嬰児《あかんぼう》の時に、よい習慣および規律を与えておくことです。

「早くしなさい!!」。幼稚園に通う五歳の長女に毎朝言っています。「嬰児の時によい習慣、規律を与えておく」という文章は、漠然ではありますが、わかっていながら出来ていなかった私にとって衝撃的でした。子供を導くとはどういうことなのか、責任の重さを痛感しています。

稚内　30代（S）

もう少しの忍耐

私はまた子供を育てていく間に「もう少しの忍耐」ということが、いろいろの場合において非常に肝要な母親の覚悟であることを感じます。

子供との生活の中で、「もっとはやくして〜」とか「あ〜なんで〜」と私の思うようにはいかないことが多く（あたりまえですが…）そういう時に、自分に「もう少しの忍耐！」と言いきかせながら過ごしています。

浜松　30代（A）

正直な心で勉強すること

成績のよいのはなぜうれしいのでしょう。それは決して人に勝つからうれしいのではなく、一年で教えていただいたことが、みなよく覚えられたしるしだから、なによりもうれしいのです。

自分の子供たちに対しての気持ちと近いことが書いてあり、共感しました。勉強は人に勝つから嬉しいのではなく、自分が学んだことをしっかり覚えられたということが、嬉しいことなのだとの考え方に感心させられました。勉強は、人と比べたりするものではなく、自分のために、自分が頑張ってすることなんだと改めて思いました。

長岡　40代（Y）

家庭教育篇　下

第十一巻

教育か生活か

――巻頭の言葉――

家庭教育か、家庭生活か。学校教育か、学校生活か――。家庭教育家庭教育という声はすでに日本国中に聞こえて来ました。学校教育という声は、今や当面の諸問題を通して、なおさら高く叫ばれています。しかし、子供のための家庭教育は、ただその家庭生活であり、よい学校教育はただよい学校生活であるということを、徹底的に考えぬいている家庭も学校も、ほとんど稀《まれ》のように思われます。

これまでのいわゆる子供本位の家庭というのは、昔の老人本位主人本位の家庭よりもよいものでした。しかし、その子供本位の家庭というものも、子供たちのために、おとなも努めて規律正しい生活をするとか、子供たちに高等の教育を授けるために、両親は一生質素な生活をするとかいうようなことでした。自分が社会的に出世をしようとするよりも、子供たちのよい親になってやろうというようなことでした。すなわちさまざまの方法をもって、どこまでも親が子供を教育するという心持ちです。

この家庭教育主義でなく、家庭生活主義というのは、家庭の日常生活にしても、子供のためによくしてやらなくてはならないというのでなく、よい生活それ自身のために規律正しい生活をしていれば、それはすなわち子供のためのよい教育にもなるように、私たちは、一人の人としても、人の親としても、よりよき目標に向かって、本気に生きてゆくこと、血のつながりによる大人《おとな》子供の五、六人が一人一人この心この状態において、家庭という一団体の中に生き、たとい主たる力が親から出、子は多く親の助けを借りて育つにもせよ、親が子供のためによい家庭をつくってやるのでなく、親も子も一緒になって、よい家庭生活がそこに出来てゆけば、それが自然に子供にとってよい教育にもなるのです。

子供たちはまたその成長のために、特に子供の世界が必要です。子供たちはまた、今までに自分たちの遠き近き祖先の努力が生み出してきた、あらゆる方面の知識を学ばなければなりません。それが子供に学校生活のあるわけです。学校がある程度の学課を教えるところだと思っているのは間違いでしょう。

また子供というものは、後日この世の中に新しいよいものをつくり出すものです。同時にこの世の中にさらに新しい悪いものをつくり出す力です。子供は子供ばかりで放っておかないで、現在に生きているおとながまざって、その近い経験を献じて、彼らの成長がよい方面とよい質に進んでゆくように助けなくてはなりません。

小学校から少なくとも高等学校までの教師は、その教える専門の学科や研究のほかに、特に豊富な人生の経験を必要とします。なおより以上に人生の前途に対して、清き情熱と希望を持っていなくてはなりません。思想の悪化はどこから来るか、役に立たない卒業生がどうして出来てくるか、学者であっても人間であり得ない種類の人びとはどこからくるか。本気な生活のない家庭や、全然その大切な生活を意識していない学校を思うて、ここにも男性の手にばかり社会のことを打ち任せて、女の心の働かなかった、長い間の余弊《よへい》を思われてなりません。

われらの愛する子供たちよ。汝らを本当に深く正しく育てるだけの、本気な家庭のないことは、私たちの罪であったか。愛と協力と忍耐の代わりに、競争と盟休のある学校、それもなくて、萎《な》えた老人の居眠りのような学校があるというのは――。若き人びとよ。私はそれをおとなの罪だとばかりいうならば、若き血潮に対する侮辱である。覚《さ》めなくてはならないのは、男、女、おとな、子供、そのすべてである。臆病より覚《さ》めよ。小さき享楽より覚《さ》めよ。この活発な楽しみあふるる大いなる人生に向かって覚《さ》めよ。

私の怠りと無気力をも共に愧《は》じ共に恐れて、祈る心を燃やしたまえと祈るばかりです。

昭和三年七月

羽仁もと子

目次

巻頭の言葉――教育か生活か＊

砂上の家……一
磐の上の家(一)……一一
磐の上の家(二)＊……一七
生活即教育＊……二四
詰め込み主義の教育と自由主義の教育……三五
非天才非凡才……四四
ある母親に答えて……五四
積極的の教育法……六二
子供自身に考えさせる……七〇
長上の欠点に対する子供の目……七六
欲望の教育＊……八六
学校劇について……九七
子煩悩……一〇四
子供の短所と欠点に対して＊……一〇九
女の強さ……一一六
このごろの思い……一二八
子供と学科……一四一
子供と読み物……一五一
服装の教育……一五六
女子の運動競技……一六四
一つの感想……一七三
春の悩み……一七七
夏休みと青年男女……一八三

復習のさせ方……………………………………一八七
家庭教育より学校教育を見る
一　母の思いを学校へ………………………………二二八
二　学習の上の協力…………………………………二三三
三　教科書の選択と勉強の仕方……………………二四一
四　時代錯誤のけいこごと…………………………二四七
五　健康増進についての実験………………………二五二
六　まめに身体を動かす習慣………………………二六四
七　箱入り主義の教育………………………………二六九
八　『社会』と『世間』……………………………二八二
九　家庭の常識と学校の常識………………………二九一
一〇　活きた修身……………………………………三〇五
子供自身の経験の中から………………………三一九
言葉と服装……………………………………三二〇
よい生活………………………………………三二一

惹かれた箇所

教育か生活か　巻頭の言葉

親が子供のためによい家庭をつくってやるのでなく、親も子も一緒になって、よい家庭生活がそこに出来てゆけば、それが自然に子供にとってよい教育になるものです。

二〇〇九年に、札幌友の会・幼児生活団の指導者になりました。登校日を子供たちと過ごす時、この「教育か生活か」をいつも思い浮かべています。何かを教え込むのでなく、共にその日一日をよりよく生活することを希いつつ、正直なありのままの思いを出し合って、過ごしています。

札幌　50代（F）

磐の上の家（二）

私たちの審判官は世間でなく、冷たい一定の法則でもなく、それが愛と自由であるところの宇宙の生命こそ、われらの支配者であり、従って審判官であります。

初めて世間以外に真の審判官がおられるということに出合い、心が解放された気がした。世間の物さしではなく神様の物さしは？といつも考えるようになり、日々助けられてきました。一足飛びには改心して出来なかったが、二十数年過ぎた今、苦難の時も支配して下さり愛と自由と平安を感じさせていただけるようになりました。

私の信仰の原点とも言えるこの著作集の箇所との出合いは今も忘れられません。

水戸　50代（O）

生活即教育

子供を教育するものは、自覚的生活環境ただそれ自身だと思います。……私たちは子供の教育ということを、ああしろこうしろと子供に注文するのでなく、自分のほうがあらん限りの知恵を絞り力を出して、真剣に生きなくてはならないことになります。

親自身も自分の才能を磨くことが何よりの子供の教育と言われていることに背筋を正される思いです。

横浜　40代（M）

生活即教育

親が子供を教育するのでなく、子供みずから教育するように、一生懸命皆を励まして、よい環境をつくることによって、子供がその中で子供みずからを教育し得るように、親が仕向けてやるのです。

子育てしていく中で、情報が氾濫していて、親は混乱する時があります。でも、この著作集は、いつの時代でもブレない筋が通っていて、私の育児（育自）の指針になっています。

久留米　30代（S）

生活即教育

理想はいつでも現実とかけ離れているもの

には相違ないのですけれど、われわれの理想と現実とは、いつでも同一方向になくてはならないはずです。およびわれわれの現実は、理想の卵であるべきはずです。親鳥と卵とその外形ばかりを見ていれば似てもつかないものであっても、その内部に働きつつある生命の絶え間なき営みは、見えないけれど、毎日毎日翼をのばし、美しく歌う日に出会うべく成長しつつあるのです。

この言葉に出合ったあと、これまでのようにエゴをムキ出しにして、子供を叱りつけたりしていては、自分が理想とするような未来は来ない、と思いました。自分を母親にしてくれた子供という存在に感謝しつつ、見守っていく母親になる努力をしたいと思いました。

稚内　30代（Y）

欲望の教育

幼い人びとの欲望に対して、それを禁圧する態度でなく、出来るかぎり工夫して、どうすればそれを達してやることが出来るかと、正しい立場から導いてやるようにすれば、よくないことを望んだときに、それは決してならないということをよく話してやると、平生自分の欲望は常に出来るだけ力を添えて成就するようにと尽力してくれる母様が、ああいうのだからと、ひとりでに母親の意見を落ち着いて聞き分けてくれるように、自分でも努めるものでございます。

五歳と二歳の子育ての中で、「家事」と「育児」を分けて生活していることに気づき、二つをつなげようと努力していた時に出合った言葉です。どの育児書にもないと思いました。それ以来、自信を持って、子供の望みをかなえる工夫をし、子供と共に「生活する」ことを目指すことができるようになりました。　富士　30代　(M)

子供の短所と欠点に対して

人間の心の中は叢《くさむら》のようなもので、ただ一わたりこれを見たときには、ただただ雑草が生え茂っているように思われます。しかしその中をあさりあさってみたならば、いろいろの美しい、また役に立つ草木の芽生えが必ずあると思います。……雑草はぬかなければなりません。しかも雑草をぬくことが植木屋の目的ではなく、目指す草木をふとらせるために雑草をぬく必要があるのです。……芽生えに入り用な日光が十分にそれらを照らし得るようにしてやくことが、すなわち植木屋の仕事です。こうして守り立てる芽生えがずんずん伸びてゆくことが、また植木屋の非常な楽しみです。

子育てに関する本で、欠点を見るより良いところを見つけて伸ばしなさいと書かれた本はたくさんありました。けれど、私はいつも「よい点を伸ばすのはわかったが、欠点は 見て見ぬふりをするのだろうか？　欠点はどう扱えばいいのだろうと、いつも納得できずにいました。ここを読んだ時、長年疑問にしてきたことの答えを得たと思いました。子供の本当の天分は一朝一夕にはわからないから、気をつけてよい芽生えを見たい、子供を温かく見たい、と書かれたところも、深く心にとめている箇所です。

八幡浜　40代　(I)

子供読本

第十二巻

私のお伽噺《とぎばなし》

——巻頭の言葉——

私はお伽噺をかきたいと思いました。それはよほど前からのことです。私のお伽噺の理想は、天《てん》の使《つかい》の絵に見るような、無邪気な裸体のおさなごが、小さな羽で忙《せ》わしそうに幸福そうに、清らかな空を飛びまわる、あの姿です。

どうして私はそういうことを考えるようになったのでしょう。この頃見る新しいお伽噺は、大概おしろいやリボンや帯やきものや、またいろいろの新奇なスタイルで、貧弱な体格をかくしたり、血色のわるい顔をぬりたてているもののように思われるからです。

徹頭徹尾感傷的《センチメンタル》な話、くすぐるような滑稽、しかつめらしい道話、どこにでも出て来る神様などは、子供にとって決してよい友達ではありません。

もしも子供に、ほんとうに各方面のよいお伽噺を与えて、一つ一つそのお話の精神を、自然に味わわせることが出来たら、父母の人格と相俟って、ほとんど完全に、子供の人格とあらゆる能力に対する教育、陶冶の基礎を確立することが出来るものだと思います。

どうかして、真に豊富な人格とすぐれた才能を持った女性の中から、ほんとうに子供を愛し子供を理解し、そのために生涯をささげて、多くのよいお伽噺をつくってくれる偉大な人の現われることを希望してやみません。

別に多くの仕事を与えられているものの、少しの心の余裕をもって試みた、この私の貧弱なお伽噺は、そうしたお役にたち得るものでなくても、不注意につくりたてられた多くのお伽噺の中に、せめて健全な人生観と、やさしい豊かな感情を基調とした、淡泊清楚なお話を見ていただくことが出来るかと思うのでございます。

謡曲および狂言の改訳は、幼い心に自分の国の昔をしのばせるためでした。新撰いろはかるたは、そのうちの一、二ヵ所のほかは悉く創作でございます。現在の子供の生活をもととして工夫したものです。どうか少年少女たちのよいお友達にしていただけるように、心から祈っております。

お伽噺はそれを書く時の文章ばかりでなく、読む時にも話す時にも、明瞭に平坦に親しみ深くして、あきずにいく度も読んだり話したりしているうちに、自然にその心に同化するようにしなければなりません。

さきに皆様に読んでいただきました『思想しつつ生活しつつ』と同じように、この篇は、子供と少年少女のための『思想しつつ生活しつつ』です。『思想しつつ生活しつつ祈りつつ』の生涯は、幼き日よりはじめられなくてはならないと思うからでございます。

昭和二年十一月二十九日

羽仁もと子

子供読本

目次

巻頭の言葉――私のお伽噺

新撰いろはかるた
今は世界の日本国……三
ローマは一日ではできない……一〇
走るよりは歩め……一三
二兎をおうものは一兎をえず……一七
螢のひかり窓のゆき……二一
下手も上手のうち……二四
虎につばさ……二八
力は出るもの出せるもの*……三一
臨機応変……三三
抜かぬ太刀の功名……三七
類は友をよぶ……四一
お(を)かめ八目……四三
笑う門には福きたる……四六
かわいい子には旅をさせ……四八
欲のくまたか蚤とりまなこ……五七
宝の山はどこにある*……六二
歴史はくりかえす……六五
損をしてとくをとる……六七
月はまんまる……七〇
寝ていてころんだためしはない*……七七
なまけものの節句ばたらき……八二

労(らう)するものにむくいあり……八七
むりむり大将ばか大将……九三
打てばひびく……九七
井(ゐど)の中のかわず……一〇一
野こえ山こえ里をこえ……一〇六
鬼の目にもなみだ……一一二
愚公山をうつす……一一六
やけのやん八……一一九
まかない種子がいつ生える……一二三
げらげら笑いのどん腹たて……一二八
豚に真珠……一三四
ころんだらおきよ……一四一
得手八人力……一四七
敵をも愛せ……一五一
朝起万円……一五六
塞翁の馬……一六〇
きまりわるさはちょっとの間……一六六
ゆだん大敵……一六九
めんどうしんぼう*……一七三
三つ子の魂百まで……一八〇
四海兄弟……一八五
え(ゑ)んりょは無用……一八七
ひろきを心……一九四
求むるものには与えらる……二〇一
先生はどこにでも……二〇七
すきな友だちきらいな友だち……二一五
昔のものがたり

力は出るもの出せるもの

宝の山はどこにある

寝ていてころんだためしはない

めんどうしんぼう

惹かれた箇所

力は出るもの出せるもの

普段は弱そうな顔をしている女でも、火事なんぞの時には、たいへんな力が出るもので、重たいたんすや大きな長持ちを、遠くまで運び出したりします。人のからだの中には、ひじょうに大きな力がかくれています。しかし、その力を出さずにいると、だんだん弱くなってしまいますが、出せば出すほど強くなるものです。……人のからだの中にも、大きな力がかくれていますが、人の心の中には、もっと不思議な、もっと大きな力がたくさんかくれています。

子供が小さい時に一緒によく読みました。
人の体にも心にも大きな力がかくれていて、その力を出さずにいると、だんだん弱くなってしまう。出せば出すほど強くなる。子供も私も、自分の力を人のために気前よく差し出せる人になってほしい、そうなりたいと希っています。

帯広 40代（O）

私は著作集の中の「私の家庭観」を読んで、それまでの生活姿勢が変わりました。それから真剣になってわが家を「研究室」として励んで来たように思います。そうして見ると、周りにあるものはすべて師であり研究材料でした。そして力に余るものに出合う度に思い出したのは、この「力は出るもの出せるもの」という言葉です。

熊本 80代 (T)

宝の山はどこにある

ほり出した鉱夫は、どんなにうれしいでしょう。ここだ、ここだというので、ほかの鉱夫も寄ってきて、金のあるところを広く大きくほってゆきます。そうしてたくさんの金をほり出して、金貨にしたり、時計にしたり、うつくしい指輪や、さまざまの飾りにします。

毎日毎日、朝は深呼吸する、学校から帰ってきたら、きめた時間に勉強して、夜はあすの着物と、お道具をチャンとそろえて、早く寝る子供は、いつのまにか、身体もじょうぶに頭もよくなって、金よりも何よりも、もっともっとよいものが、そういう子供の心の中から、だんだんに出てきます。

宝の山はどこにある、
かわいい子供の生命《いのち》の中に。
こがねしろがね〔金銀〕ダイヤモンド、
それにもまさる智恵、力。
一しょうけんめい精出して
宝の出るまでつとめましょう。

二男が生活団に行きはじめ、よく泣いていたころ、♪宝の山♪の歌を教わり、「ぼくの中にも宝があるのかな? だから こんどから泣かない」と言いきったことがあります。今読みかえしてもとても大切なことが書かれてあり、励まされる。

岡山 40代 (K)

子供を育てている間、この言葉を信じていた。各々、どんな宝を持って生れてきたの?どう磨かれて宝石になるかしら、と楽しみだった。

東京第一　50代（Ｉ）

寝ていてころんだためしはない

ある所に、のらくら太郎という子がありました。母さまや先生に叱られたり、お友だちに笑われたりするのが、大きらいなもんだから、母さまが太郎さんにお使いをたのむと、

「ちょっと用があるから、お使いには次郎をやって下さい。」

といいます。お使いにいって、もしまちがったりすると、母さまに叱られるから、いやだと思うのです。……

弟の次郎のほうは、お使いにいってほめられることもありますが、まちがって、叱られることもたびたびあります。

お家にかえってから、学校であったことを、いろいろ父さまや母さまにお話しして、ときどき「次郎それはお前がわるい。」などとお目玉を頂戴することもありました。……

何もしなければ、叱られることもないわけです。「寝ていてころんだためしはない」とはそのことです。太郎と次郎と、大きくなったら、いったいどちらが、えらくなるでしょう。

物事をめんどうに思ったり、間違うことを恐れて何もしないでいるのは、楽だけれども、新しい出合いも発見もないつまらない人生になってしまう。いつもこの言葉を思い出して、「よ

し、やってみよう」と、奮い立っています。失敗も成長の元。

市川 40代（S）

子供読本

めんどうしんぼう

「夏休みになったから、毎日何もしないでいられると思ったら、朝は早くおきて、冷水まさつをなさい、おさらい〔復習〕をなさいといわれるし、めんどくさくてしようがない。そのほかにも、お使いだのなんだのって、いろんなことがあるんだもの。」と、太郎さんはひとりごとをいっていると、「太郎さん、私がかわりましょうか。」と小豚がヒョッコリ顔を出しました。太郎が「かわろうか」といったら、小豚が太郎さんになって子供部屋にねころんで、太郎さんは小豚になって、お庭にたっていました。……

小豚の太郎は「人間なんかいやになった。豚になろうか。」と小さなこえでいいました。太郎の小豚はとんで来て「かわりましょうか？」といいました。太郎はそれからよい子になって、めんどうでも、しなくてはならないことは、勇気を出してしました。

生活が忙しくなると、日常の家事のささいなこと、例えば、物をもとにもどすことが、めんどうになる。そんな生活の小さなことがとどこおると家の中も心も乱れてくる。めんどうでもしなければいけないことがあるので、「めんどうしんぼう」と言いながら、自分を励ましている。目によくつく所に「めんどうしんぼう」と書いて貼っている。

高松 50代（W）

若き姉妹に寄す

第十三巻

若きものの弱さと強さ

——巻頭の言葉——

私たちはまず赤ん坊のことを考えてみましょう。自分で食べることも、物いうことも、立つことも出来ません。赤ん坊は人の中の一番弱いものです。その弱い赤ん坊は、暑さにも寒さにも、水火の難にも、だれよりも一番安全な立場に置かれます。その毎日の生活もひとりでに、家中の人の手をあつめ心をあつめています。家にも外にもだれも赤ん坊に害をくわえることのできる人はありません。この意味で一番弱い赤ん坊は、人のなかで一番強いものです。

赤ん坊の強いのはナゼでしょう。赤ん坊の生命《いのち》の中にある深い信頼のためなのだと私は思います。見なれない人を恐れたり、はにかんだりするようになれば、赤ん坊の強さがそれだけ減じてきます。おのずからすべての人を信頼して、無心に起きたり眠ったりしている赤ん坊ほど、一番弱くて一番強いものはないでしょう。

弱くてそうして強いのは、赤ん坊ばかりでなく、すべての若い生命《いのち》のもつ特色です。そしてその理由は、若い生命《いのち》のなかにある信頼の力だと思います。前後左右を見わたして疑い惑うのは老人の心です。手堅くみえて、もっとも無用心なのはこの心です。

少年少女の中にも青年男女の中にも、老人の心を持っている人もないとはいえません。若き人びとはまだ父母と社会の保護のもとに生きている弱い生命《いのち》です。けれどもその生命《いのち》の底に信頼をたたえているならば、もっとも弱い生命《いのち》はもっとも強い生命《いのち》なのです。

少年少女ばかりではありません。人間《ひと》はみな父なる神にまもられて、天地《あめつち》の化育のもとに生きている、尊《とうと》いけれども、小羊のごとくにか弱い存在です。しかしわれわれの心にこの人生に対する信頼をたたえていれば、天地万物はみな私たちの存在を助けてくれます。どうか私たちは人生を信じて、永遠に若い存在でありたいと思います。私は多くの若き人びとに望みをかけています。その若い心がだんだんに深い信頼に満たされてゆくように。

人生の旅路は容易ではありません。一夜づくりで出来上がるのは、果敢《はか》ない夢か幻ばかりだということが、だんだん深くわかるようになってから、私はますます人生の希望の確実さを信ずることができるようになりました。他人をうらやまずまた卑しめずに、本当に人間《ひと》を敬愛することができるようになりました。そうしてもちろん自分たちも、その貴《とうと》い人間《もの》のなかのひとりびとりであることを疑いません。すぐれた芸術や学問や、いろいろな機械をみても、私たちのなかに授かっているそれらのよいものに、神と人とのいかに多くの苦心と歳月のかかったものであるかを思い得るようになったからです。

この人の世の幼稚なありさまや醜い現在を知ったときにも、自分自身のつまらないものであることのわかったときにも、望みを持つことができるようになりました。それは自分の心にもこの世の中にも、さらに新しい建築をはじめる場所を教えられたのだと思うからです。ただ本当の新しい建築は、その足場をつくるだけでも容易でありません。私たちの仕事場に、毎日毎日気をつけていろいろな材料を集めなくてはなりません。設計が進まないこともあり、設計が出来ていても材料の集まらないこともあります。この困難な新しい建築が、神と人との協力によって成し遂げられつつあるのです。私たちの日々の労作はやさしいものではありません。しかしわれわれの指導者《リーダー》を信じていれば、望みは確実です。気を短くして空中楼閣をつくらないようにしましょう。美しくなりたいと思っておしろいを塗ることをやめましょう。美しいのも美しくないのも、私たちの身体の内部と外部の、あらゆるものの働きと、そのつり合いの結果です。私たちのきょうからはじめるよい方向の生活が、だんだん私たちの身体の組織をつくっていったら、それは美に至る道を歩んでいるのです。

心の美も同じことです。私たちの魂のよい生活が、きょうから一と歩みでも道を求めて進むなら、それは多くの慰めとともに、美しい心になる道を歩んでいることは確かです。われわれの家庭もそうです。社会もそうです。

だれでも若き魂について考えるときに、純潔ということを思うものです。純潔とは何でしょう。望みと信頼を持って、不断の努力をつづけること、それがすなわち純潔だと思います。赤ん坊の生命を見ていると、ほんとうに純潔そのものです。若き人びとの世の旅路は長いものです。その旅路の中で出会う事柄は、それぞれにちがっても、純潔の道を踏んで倦《う》むことのないように。弱きわれらをかえりみて祈りましょう。祈りは新しき建築の第一歩、そしてまた純潔の極致です。

長い歳月を積んで、私たちのほんとうの祈りも育てられてゆきます。幼い祈り、独言《ひとりごと》のような祈りでもまず、第一歩を今からはじめましょう。幼児《おさなご》のような気持ちになれば、私たちはもっとも強くもっとも安全に、永遠の生命《いのち》の道に立つことができるものです。

昭和三年五月

羽仁もと子

目次

巻頭の言葉――若きものの弱さと強さ

行くほうがよいか やめるほうがよいか……三五
友だちの問題……五〇
神様はあると思いますか ないと思いますか……五六
少女と語る＊……七五

物語三つ

昔の不良少女（八百屋お七のこと）……一三八
ジャン・ダルクの話……一四九
『青い鳥』を読む……一八六

幸福になるために

幸福になるために＊……二五四

よい生活と勉強のために

どうしたら頭脳がよくなるでしょう＊……三
どうしたら頭脳が悪くなるでしょう……七
勉強は短い時間ですますこと……一〇
夏休みは私たちの自由な天地です……一二
きょうだい喧嘩……一八
もしも私が継母であったら……二三
自分のきらいな人にも親切をしなければならないでしょうか……二七
正直に敗けることのできる人は本当に勝つことができる人です……三三

運　不　運……………………二六五
因果の理法……………………二七一
運　命　の　心………………二七五
嘘と真の価値…………………二八〇
幸　運　の　鍵＊……………二八四

学校生活より社会生活へ

学校生活より社会生活へ……二八八
働きつつ学びつつの生活……二九六
新　し　い　革　袋…………三〇五
高等の教育を受けながら所を
得ない人びと＊………………三一九
わがままとは何か……………三三〇
結婚改造の前提たるべき男女交際……三四〇
天縁に至るまで………………三五三

惹かれた箇所

よい生活と勉強のために
どうしたら頭脳《あたま》がよくなるでしょう

よい頭というのは、どんな頭脳のことなのでしょう。よい頭脳というのは、物にたとえてみると、きちんとかたづいた、静かな部屋のようなものだと、私には思われます。

よい頭脳とは、きちんとかたづいた、静かな部屋のようなものだという説明がわかりやすく、自分に欠けているものが見えてきた気がしました。あらためて、何につけても整理整頓、ひと仕事ひとかたづけの精神に繋がるんだと気づかされた気がします。

沼津 50代（M）

少女と語る　美しいことと真面目なこと

世の中には、美しいことと、真面目なことと、二つあることを考えてみてください。たとえば座敷を十分に掃除するのは真面目なほうの仕事です。花を飾ったり、そこに置く家具でも座ぶとんでも、格好のよいもの色のとり合わせのよいものをえらぶのは、美しいほうの仕事です。真面目なほうの仕事をおろそかにして、すなわち掃除をよくしないで、美しいほうの仕事、すなわち花を飾ったり気取った置き物を置いたらどうでしょう。すべて世の中の美しい仕事は、真面目な仕事の上につけ加えられなければ価値のないもの、むしろ有害にもなるものです。

家の中が汚れているのに片づけずに花を飾ってごまかしてしまう。そのように、心の中が乱れているのに、根本を考えずにとりつくろってしまう自分をいつも反省します。真面目な仕事の上に初めて美しい仕事があることを、いつも心にとめておきたいです。

那須　40代（U）

少女と語る　友だちとの約束

物にはすべて軽重大小のあるということを、皆さんに覚えていただきたいと思います。物の軽重大小を間違いなくわかる人になるのには、平生自分でよく物を考えたり、よく気をつけて、世の中のことを見たり聞いたりしなければなりません。

年を経て判断する機会が多くなりました。事の軽重大小を間違えなくわかるためには、謙虚に学び続けなければと思います。

札幌第二　50代（N）

幸福になるために一

望みをもって努力することそれ自身が、すでに幸福なのです。こうして幸福の第一歩を踏み出すと、さらにまたその次の道が開けるものです。私たちは「幸福には形がない」ということを、はっきり分かっていることが、本当の幸福を得るための一つの大切なことだと思います。

いつも落ち込んだ時、壁にぶつかった時は、必ずこの著作集を開いて読んでいました。目に見えない平凡な幸せが身近にあるということをいつも思えたことが感謝です。　高岡　50代（I）

幸運の鍵

幸運の鍵は、私たちが父なる神の支配のもとにある以上、来る日も来る年も、ことごとく祝福された恵みの月日であると信ずる人の手にあります。……私たちの行く手に妨げの川もあり山もあります。恵みの道になぜ妨げの川があるのかと、川の手前で立ちどまっている人は、皆そう思っています。しかし、どういうときにでも神の恵みを信じて、その妨げの川を飛び越してみた人は、その川を飛び越したことによって、

平らな道ばかり歩んでいたときには、たしかに自分になかったはずの力が、新たに与えられていることを発見します。

友の会の総リーダー選で名前が挙がった時、ここを読み、妨げの川を飛び越してみようと一大決心した忘れられない著作集です。その後も新年度に向かう時何回も読んでいますが「妨げの川を飛び越えると新しい力が加わる」という所を信じ、また頑張ろうかなという気持ちになります。読むごとに深いなあと思いますが、大好きなところで私のベスト1です。

苫小牧　40代（T）

幸運の鍵

すべての日のすべての年が、めぐみであり

ながら、日にも年にも区切りがあって、あたらしくなるということは、またなんという幸いなことでしょう。

育児、家事、仕事の両立でバタバタと追われる日々の中で、やるべきことができず自己嫌悪に落ち入りそうになった時に出合った言葉です。新しい自分になって前向きに頑張ろうと奮い立つことができました。

米沢 30代（S）

高等の教育を受けながら所を得ない人びと

自分の居まわりの仕事に、まず手をつけてみなければ、そこにどれだけの仕事があるのか、そのなかにどういう興味と望みとが隠れているのか、またわが居まわりの仕事が果たして自分に適するのか適しないのかもわからないのです。そうして手をつけてみて、どうしてもそれは自分に適しないことが知れたところで、それまでの労力がけっして無益になるのではありません。その間の真実な経験が、自分の行くべき誤りなき他の道に自分を導いてくれるからです。

私自身、今まではまず頭で考えて自分では無理そうなことはさけて、できそうなことからするという行動をとってきていたと、ふと考えさせられました。今することを、そして、自分に不慣れな環境にも飛び込むことの大切さを教えられました。何よりも、今の、自分の経験全てが無益なものではないと確信することができました。

西宮 20代（O）

半生を語る

第十四巻

死生以上のもの

――巻頭の言葉――

後ろを見ない性質の故《せい》か、過去の記念を身のまわりに、きれいになんにも持っていない私に、この硝子《ガラス》の写真が不思議にのこっていた。それも近頃になって、思いがけない所から出て来たのである。写真の達人森川さんに見てもらったら、写真のほうからも歴史的の記念物だといわれた。

八、九歳のこの頃《ころ》に、私は何をしていたのだろう。もちろん子供雑誌も少女雑誌もない時であった。徳川大奥生活の錦絵《にしきえ》だの、明治十年の役《えき》の絵草紙を見ていた。島田一郎此木《このき》小二郎などの大久保利通《としみち》を殺した小冊子などもあった。読みものでは世界国づくしだの、木版絵入りの幼学綱要《ようがくこうよう》だの、女四書《しょ》だのというのを、まだ分からないけれども読んでいた。多分和紙で、仮名も字いろはといっていたむつかしいのが多かった。そしてそうした絵も本も、私の故郷《くに》にあったのでなく、東京に療治に来た祖父や、用事のために来る父の土産《みやげ》であった。父が西洋菓子を持って帰った時には、どれもどれも牛の乳くさいといって、誰《たれ》も食べなかった。

『半生を語る』を書くために、長い間前ばかり望んで忙《せわ》しく暮らして来た私が、遠く来た夢のような過去を、ゆっくりとふり返ってみることが出来た。そうして多くの貴《とうと》いものなつかしいものを見出して、新たに恩寵《おんちょう》の深さを知った。

唯この一冊を夏から今までもかかって書いたことをゆるしていただきたい。私たちはこの夏、愛する孫を失った。望みと清らかさそのもののようであったあの幼児《おさなご》を。

十月十日の晴れた日に、私どもはまた次の嬰児《みどりご》を与えられた。死んでは生まれる、ただそれだけであるならば、人の世は泡《あわ》のようなものである。足を早めて過ぎ去るところの、昼と夜との中に代わり合う、多くのものの生《いのち》と、その営みを通して築かれて行《ゆ》く、変わらないもののあることを見なくてはならない。短い人の命ばかりでなく、大いなる天地《あめつち》にさえ死が来ても、動かぬ御座《みざ》のあることを知らなくてはならない。

この流転《るてん》の世の中に、満ち来る潮《うしお》のさまとばかり、進んでやまないみ国の清き力の動いていることを感じなくてはならない。

昭和三年十一月十九日

羽仁もと子

目次

巻頭の言葉――生死以上のもの

半生を語る*……一
回顧と展望(一)……八一
回顧と展望(二)*……九三
出産日記……一〇一
ある年の一月……一〇五
説子の半時間……一〇六
涙のあと……一一一
悲しき思い出……一一五
そのころの小石川……一一一
一閑張の机……一一五
看病日記……一一六
地上の愛天の愛……一二八
小日向台町より……一四〇
八月二十一日の記……一四一
三月三十一日の感……一四二
恵子……一四三
産後の思い……一四五
鎌倉生活……一五〇
雑司ヵ谷へ……一五六
家事の楽しみ……一五八
洪水の中を帰る……一五九
春の訪れ……一六三
祖父の死……一六四
諒闇……一六五

誰ともいわずに……一六七
病児の枕頭にて……一六八
講演旅行……一七三
軽井沢……一七五
興津の春……一七七
流感の年……一七八
自由学園の創立……一八四
大震災の時……一九〇
失われた二人の友……一九九
五十歳の誕生祝い……二〇五
集まった布のゆくえ……二一一
焼跡に咲いた花……二一八
忙中清趣……二三四
明暗……二三八
友遠方より来たる……二四一
入学試験……二四三
閑かな夜の幻……二五一
晩春小興……二五六
奇しき友情……二六二
吉凶一如……二六七
日光の三日……二七二
人の世の幸福……二七五
ふるさとの味……二八〇
植村先生の死……二八六
働くための健康……二九三
樹木の美動物の美……二九五
成績報告会……三一六
月前の思い……三二一

手紙の夏……三三五
新居……三三八
ストーブの前……三四一
説の結婚……三四五
南沢と八雲……三五二
病中閑……三五五
鵠沼にて……三五七
初孫……三六一
春の追憶……三六六
執筆二十五年……三七〇
一心同体……三七四
理想は空想か……三八〇
新年のたより……三八三
貴族的の美……三八九
立とのわかれ……三九一
使命と友情……四〇一
「立」の後に「進」……四〇五

わかれの日

羽仁吉一

　涼子の死は、私どもの家庭に於ける、初めての且つ最も痛ましき不幸であった。私どもは日として涼子を思い出さぬことはない。恐らく生涯この悲しみを忘れることは出来ないであろう。また強いて忘れようとも望まない。私どもは却《かえ》って愛する者の面影が、或は年と共にうすれ行かんことを恐れるのである。私どもはまた涼子の必ず天国に行ったことを疑わない。必ず再び相見る機会の来らんことを楽しむ。それと共に、涼は私どもの胸に生きて居ることを確く信ずることが出来る。彼の生涯は、二年にも満たざる、果敢《はか》なきものであったが、その間に於て私どもに残した無邪気の感化と、その死に依って与えられた沈痛なる教訓は、彼の愛する父母の胸に彫られて、長く消えることはないであろう。私どもは総てを挙げて神の摂理に任せるの外はない。（明治三十九年五月三日、家庭之友）

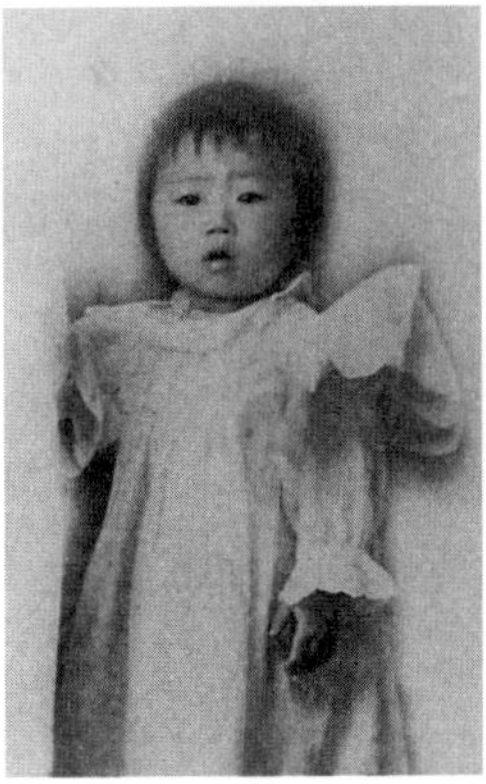

惹かれた箇所

半生を語る
いろいろの苦労をしたらしいと、人はみな思っているようだけれど、苦労が私を囚えるよりも、いつでも希望が近くに私を待っていた。

つらいこと、苦しいことの中にある時、それに囚われていては、自分のまわりに用意されている豊かな恵みに気がつかない。自分が弱くなっている時にこの言葉を思い出して、苦しさより大いなる恵みの中にあることに勇気を得ます。
東京第一　40代（I）

後ろばかり振り返らず、どんな時でも前向きに生きることに気づかされます。そして現実を受け入れること、そこから新しい考えや勇気がわいてくるような気がします。　仙台　50代（H）

ミセス羽仁八十一歳のお誕生日にミスタ羽仁が、この節をとりあげて、「これはとっても面白い言葉だ。細かいことをいろいろ言うミセス羽仁を楽天的な人だと言ったら皆はおかしいと思うかも知れないが、ミセス羽仁の非常に楽天的なところだ。いい言葉だと思う。ただ頭で考えたことでなく、八十年の体験がそれを語っている。」と言われた。私は長い間、ミセス羽仁のこの文章の上手さに、気をうばわれていたが、身近な方のこの捉え方にハッとした。

東京第一 60代 (K)

回顧と展望(二)

桜はうつくしく咲きました。あたり近所の人たちは、いそいそとさざめいて花見に出てゆくようすです。私はきょうもあすも書いたり考えたりしなくてはなりません。締切りの日は迫って来ます。私もあんな軽い気持になって花が見たいと、子供のような涙がひとりでにこぼれて来たこともありました。

しかしこの経験によって私は今、通り越してしまってからありがたいと思うだけでは、ほんとうにもったいないこと、よくないことだと痛切に思っているのです。もっとあの時の現在に感謝して、花を見に行く人の気持と同じような軽い気持で、あの頃の毎日毎日の仕事がしたかったと思っています。

私は、三十代後半で入会しましたが、主婦が家庭の仕事を通して社会的に生きるという姿に強い感動を覚えました。社会とどうつながっていくかを模索中だった私は、友の会の活動に無我夢中だったように思います。そして、七、八年後の夏休み、この言葉に出合いました。それから三十数年間、「あの時の現在に感謝して」「軽い気持で」の言葉は、どんな場合でも、私に心の余裕と喜びを与えてくれています。

平塚 60代 (K)

信仰篇

第十五巻

著作集十五巻の筆を擱《お》く

——巻頭の言葉——

長い間の苦心であった『信仰篇』を今書き終わりました。十五巻の著作集も、これで完成したのです。三年あまりの山登りといいたい気がします。最初の『思想しつつ生活しつつ』を読みなおしているころは、割合にたやすい麓《ふもと》の道でありましたけれど、そのころは、まだ目にも見えない遥《はる》かな頂《いただ》きを想像して、ほんとうに登りおおせることが出来るのかと心細い気もしていました。それが次々と巻を重ねて行くごとに、愛読し熱読して下さる皆様の御声援の、どこまでもどこまでも深くなって行くことが、どんなに私の励ましでありましたか、感謝にあまる歳月《としつき》でした。おかげで私は、険《けわ》しい頂きに近くなるほど、だんだん多くの自信をもって、今この喜びを見ることが出来たのです。

既刊十四冊は、自然それぞれに、私の信仰が、さまざまの問題に適用されて、間接に出ているものでした。そうしてそれはことごとく皆様の親しい感動と心からの御信頼を得ることが出来たのです。どうか前の十四巻に現われている私の思いを、正しいものとして受けいれて下さった、親愛なる皆様は、それらすべての思いの、拠《よ》って来る源であるところの、私の信仰の告白を、この最後の『信仰篇』によって、一層の御同情をもって御精読下さいませ。

私はもう幾年前から、私のすべての思いを生み出している信仰について、是非とも直接に書きたい書かなくてはならないと、始終始終考えさせられていたでしょう。しかし当面の仕事の多い私にとって、それはほとんど難行に近いことでした。それだのに、その重大な義務の一端を、今日唯今《ただいま》、この著作集のおかげで果たすことが出来たのですから、それは私の良心と願望にとって、著作集完成以上の喜びでございます。この感謝の心持をお察し下さいませ。

長い労作の間に、私はただ数日少しの不健康な日があったばかりでした。皆様のお便《たよ》りごとに、私の健康について祈って下さる御真情に涙を催すこともありました。祈りは力です。そうしてその祈りを聴《き》いて下さる方は、ただにこの労作のために入用な、数ならぬ私の健康ばかりでなく、直接にこの小さき労作をも守り導いていて下さったことを信じて、深き恩寵《おんちょう》と光栄を感じています。

このようにして今私は、遠く攀《よ》じ登って来た山の上で、黎明《れいめい》の光を打ち仰いでいる気持です。しかし事実は、静かに薄曇る六月末の日の午後です。去年の七月に与えられた、この南沢の家には、紫陽花《あじさい》が咲き、唐葵《からあおい》の花が咲いています。質樸《しつぼく》な葵の花は、幼き日私の故郷《ふるさと》でもよく見た懐かしい花です。肉体の故郷《ふるさと》と、たましいの故郷《ふるさと》と、かく幸福な現在の中に、共に思い出すことの出来る日は、ありがたいものです。

この序文、すなわち著作集への最後の筆は、ただ感謝の陶酔のみで動いています。そこに、何の想《おも》いもなく、まして巧みも結構もありません。こういう気楽な文章を書くというのも喜びです。

著作集を読んで下さった皆様に、私たちはまた婦人之友でお目にかかりましょう。

昭和五年六月二十九日

羽仁もと子

信仰篇

目次

巻頭の言葉——著作集十五巻の筆を擱く

信仰と懐疑……一
信仰の対象……五
造られたるもの＊……一四
理知と信仰……二八
芸術と信仰、道徳と信仰……三三
神は法則にあらず……三八
罪と悔改め……四三
神を忘れる……五〇
罪は罪を生む……六三
律法は短く恩寵は長し……七一
人生の新紀元……八八
恩寵徹底の反面……一〇一
キリストの十字架……一一〇
弱者対強者の問題……一一四
キリストと弱者……一二五
キリストの友情……一三七
神の要求……一四六
ファリサイ派の人々……一四九
キリストの警告……一五五
キリストの審判……一六〇
キリストの犠牲＊……一六七
反逆者ユダ……一七七
ピラトの代表するもの……一九四
罪の悪鬼……一九九

信仰篇

十字架と復活……二〇四
神の国*……二三七
良心と聖霊……二六二
神とサタン……二七七
宥めの供物としてのキリスト……二九九
キリストを信ずるものの生活……三〇八
神の家の大家族……三二九
個人と団体……三四四
アブラハムとヤコブ……三五二
ヨブの信仰……三九七
使命の道……四〇八

惹かれた箇所

造られたるもの

私はまず自分たち人間は、ある力に働きかけられて、こういう風に成長しつつあるものだと思います。それを私は造られたものだということが出来ると思います。・・・・聖書によって、神の現わしておいでになる、その御性質を知り、この人の世に示されている神の経綸《けいりん》を知り、我々に何を望み給うかを絶えず問題にして、祈りつつみ心を成そうとするのが、神を信ずるといい得ることです。

信仰篇はこれまで十九回通読してきただけに、生きる根元と向いあった著作集となったように思います。通読の前には私は何を望むのか、私は何をしたいのかと問いつづけていた。主が何を望んでいられるのか、み心の成そうとすることを求められることに反感を覚えながら、少しずつ時間をかけながら固い心を砕かれて、受洗に導かれたからです。　松戸　60代（H）

信仰の歩みは遅いが、人間は神様に造られ、生命をいただいて、今日も生かされていることへの感謝が生活の支えです。み心に叶うような生き方をさせて下さい、導いて下さいとの祈りを生活の柱として今日まで歩んでくることが出来たと思います。衣食住家計の出発点はみなここにあると年を重ねた今、特に強く思う。

北九州 70代（K）

キリストの犠牲

犠牲の本当の意味は神にささげることです。・・・・神様にささげるのだということがわかれば、誰にどんなにしてもただ足らないことを思うばかりです。人にしてやったと思う心はまた、人からその報酬を求める心になります。神様は、私たちの献《ささ》げものを喜んで、それに御褒美《ごほうび》を下さる神様です。神に向かってしたことは、神から報いがあるのです。

すぐれたものが、劣れるものを負って下さる愛の世界のことを考えてみると、罪の遺伝によって生まれない人間の一人もないこの世に、罪のないキリストがおいでになれば、知恵と力の満ち足りたキリストがおいでになれば、それは当然、病も悲しみも疑いも負って下さる人になるはずです。・・・・

キリストの十字架はそれでした。

入会して四余年もう一歩羽仁もと子のことば、思想に飛び込めない厚い壁がありました。ある時、苦痛の日々の中、何度目かの後この箇所に出合った時、うけた衝撃を忘れられません。著作集の全ての根源はここに有りと思えました。それ以来、羽仁もと子を伝導者として受け止め、友の会員らしさとはどういうことだと言っておられるか考え、願い、祈るように読もうとしています。

静岡 60代（K）

神の国

「ある人が旅行に出かけるとき、僕《しもべ》たちを呼んで、自分の財産を預けた。それぞれの力に応じて、一人には五タラントン、一人には二タラントン、もう一人には一タラントンを預けて旅に出かけた。早速、五タラントン預かった者は出て行き、それで商売をして、ほかに五タラントンをもうけた。同じように、二タラントン預かった者も、ほかに二タラントンをもうけた。しかし、一タラントン預かった者は、出て行って穴を掘り、主人の金を隠しておいた。さて、かなり日がたってから、僕たちの主人が帰って来て、彼らと清算を始めた。……一タラントン預かった者も進み出て言った。『御主人様、あなたは蒔かない所から刈り取り、散らさない所からかき集められる厳しい方だと知っていましたので、恐ろしくなり、出かけて行って、あなたのタラントンを地の中に隠しておきました。御覧ください、これがあなたのお金です。』主人は答えた。『怠け者の悪い僕だ。さあ、そのタラントンを十タラントン持っている者に与えよ。だれでも持っている人は更に与えられて豊かになるが、持っていない人は持っているものまでも取り上げられる。』」

（マタイによる福音書二五の一四—三〇）

タラントンは金額のことですけれど、その才能に応じて賦与されている使命をさしているのです。私たちの使命は、その大小にかかわらず、それを果たすためには、一生涯の苦心のいることです。・・・・道徳を基準として、人間同士のことだけを考えている人には、ほとんどわからないことでしょう。私たちのタラントンを、私たちよりも神様がよく知っておいでになります。五タラントンを持っているものは、それを十タラントンにしなくてはなりません。二タラントンを持った人は、それを四タラントンにしたとすれば、外形において、その仕事に大小があっても、神様は同様に喜んで下さいます。一タラントンの人でも、自分の知恵はどうしてこんなに鈍いだろうと愚痴な心になることをやめて、精一杯考えたら、その金をはたらかせる知恵は出て来るのです。そうして五タラントンを十タラントンにした人と、同価値の生涯が送れるのです。

『信仰篇』のタラントンの教えを読んで、それまでの私の考えが変りました。何事にも消極的で無力な自分をいつも卑下しておりました。友の会に自分の小さな力を出すことによって何倍もの大きな力を与えられ、少しずつ成長できたことを身をもって体験しました。

羽仁先生は卑下する心も驕る心と同様に罪なことだと言われています。たとえ小さな力でもさし出すことの大切さと、真剣に精一杯、物事に立ち向えば、必ず道は拓け、お導きがあることを感じてきました。

こう思いますと、小さな力を出すように導かれましたこと限りなき感謝です。

高知　80代（H）

著作集刊行に贈られた言葉（四）　一九二七年婦人之友

田川大吉郎

約三十年の前、私は羽仁女史を初めて報知社へ迎えた。蓋《けだし》、婦人記者の始祖である。間もなく女史の訪問記は同紙上の一異彩となった。僅な問答の中に早くも先方の機微を看て取る目敏い観察確実にその要領を捉んで簡明にそれを書き現わす自由の手腕と豊富な文藻と明るい筆致とは正しく一代の驚異であった。

爾来三十年の努力と洗練を加えて女史の筆は益冴え女史の思想は益輝き女史の徳は益熟した。今日に於て此の大集の現るるは最も自然な時代の要求であろう。

平塚らいてう

わたくしは今『婦人之友』六月号に添えられた『羽仁もと子著作集』出版の広告を前にして、「羽仁もと子さん」という信仰と愛と聡明とによって、わたくし達と同じこの時代に個人として、家庭人として、又社会人として円満な発達をとげられたひとりの完成された女性らしい女性の生涯に対して厳粛な尊敬と感謝のこころを捧げています。

これはいつも感じていることですが、羽仁さんのお書きになったものを拝見していますと、あの老婦人めいた羽仁さんの外容をすっかり忘れてしまうことです。それほど羽仁さんの文章にはいつも若々しさがあり、新味があり、熱があり、敏感さがあって、所謂女流教育家として、又はその他の職業婦人として今日成功していられるような五十年輩の婦人に見る思想や心情の硬化がありません。これは何かしら羽仁さんの魂の生活の中にある深い生命がこの人を日に日に新しく生かして行くからではないのでしょうか。

牧野英一

最も常識的なもののなかに、強い鋭い論理が潜んでいる。最も実際的なもののおくに、深い高い理想がかがやいている。『家庭之友』の昔から、考えて見るとすでに四半世紀、わたくしは、羽仁女史の論述を、その玉の如き文を好むと共に、その熱と理とを兼ねた思想を研究している。

みどりごの心

第十六巻

生活の朝、昼、夜

——巻頭の言葉——

朝起きて聖書を読み、昼は疲れるまで働き、夜は祈りて眠る。

この生活こそ、実に実に当り前の生活である。しかも私はこの当り前の生活を与えられるために、ほんとうに長い間鍛えられて来たのである。鍛えられることは苦しいものであった。鍛えられて鉄はようよう鋼《はがね》になる。そのように、私もようよう人間《ひと》らしい形だけになったのかもしれない。

年は傾いて、肉体は日に日に衰えて行くところに、本当の人間の形が、この生命《いのち》に現われて来る。私はかくして永遠《えいえん》の生命《せいめい》を味わいつつ、鋼《はがね》はさらによい剣に鍛われなくてはならない通りに、これから本当の人間《もの》にしていただくために、鍛えられつつ世の中の役にも立ってゆくのであろう。きびしい一つの鍛錬が成就されれば、それだけまだ知らなかった世界に新しい目が開く。そうしてそれだけさらに物の役に立つようになる。私たち人間《ひと》の生命は、ほんとうに有難い。私たちの毎日の旅は新しいものである。この尽きざる興味と期待の中に、素直に悪びれずに、この上の鍛錬を感謝して受けなくてはならない。

鍛えられることを回避しようとする心は、導かれて向上の一路をたどりつつある人類《われわれ》の、本能的な弱点である。サタンもまたその力を、そこに揮《ふる》おうとしている。幸福を追い求める立場では、日に日に新しくなってゆく永遠の生命をすてさせられてしまう。その後にのこるのは幸福でなく、しぼみつつ枯れてゆく生命《いのち》である。


朝起きて飢えかわくごとく聖書を読むものに、まず私たちはなりましょう。めいめいに与えられているみどりごの心をくらまして、手前勝手な都合ばかり考えていては出来ないことです。昼は疲れるまで働く人になりましょう。不完全な人間同士の錯綜《さくそう》する人事に堪えかねて、不平や憤懣《ふんまん》を自己弁護にして、高い光明を見失うようでは、決して本気に働けないでしょう。

私たちに祈って眠る夜があるのは、悔いの中にも恥の中にも、ただ導きの手を思い得る確かな望みがあるからです。この望み、この信頼、かすかながらも与えられている自分を感謝し、多くの友の中にも、その人をますます多く見出《いだ》してゆきたいのです。ほんとうの人間《ひと》になる労作はそれからです。

この書『みどりごの心』も、それゆえに、日々の生活の中に希《ねが》いを見出し、希《ねが》いの中に多くの祈りを与えられて暮らすものの、ありのままな思いの跡です。親しきもの、近き周囲との生活から交渉から、人として同じ生命を持っている、世界中のあらゆる友に話しかけようとする、その時々の手紙です。

この『みどりごの心』によって、どうかまた多くの友に知っていただきたい。そうして親しんでいただきたい。今の私の一つの役目は、そこにあると思っています。

昭和七年三月二十一日

羽仁もと子

目次

巻頭の言葉——生活の朝、昼、夜＊

ある結婚……八五
復活の春……九七
結婚と人格意識……一〇〇
友愛結婚問題……一一〇
ゆく日、ゆく春……一一六
山にのぼる……一一九
貧しい女のレプタ……一三一
幻の飛行機……一四〇
『自由』の生産と消費……一四二
一家総動員……一五一
良夜……一六一
我々の住む所＊……一六三
みどりごの心＊……一
野の花の姿＊……一三
『野の花の家』にて……二五
そうして遂に見ることが出来たのである＊……三五
『機械』の世界と『他』の世界……三八
おばあちゃんと進……五〇
『数』の恩寵……五三
友情についての一つの思い……六四
友の国……七三
引越蕎麦の話……七五
新入学……八〇
結婚と幸福……八二

ありがとう……一七四
プロレタリア週末旅行……一八六
われらの研究室……一九一
魂の守護神……二〇〇
女性と使命的生活……二〇九
『然らず、反って分争なり』……二一七
愛による新社会の実現は空想か……二二三
愛による分争の可能不可能……二五六
十年の感謝……二七九
教育と権威……二八六
人の世の悲しみ……二九一
時は来たり時は去る……三〇〇
仕事、休息、人の一生……三一〇
四通八達の家＊……三一四

みどりごの心

夏休みのたより……三一九
壮志を抱いて壮途をゆくもの……三二八
今、生まれしみどり児……三三一
おさなご……三三三
松平里子夫人……三四三
時代は暮れる……三四七
『めでたし、恵まるるものよ』……三四九
神は愛なり、主義にあらず……三六一
時の汽車……三七六
おさなごへのたより……三八一
あこがれの旅……三八三

惹かれた箇所

生活の朝、昼、夜　巻頭の言葉

朝起きて聖書を読み、昼は疲れるまで働き、夜は祈りて眠る。
この生活こそ、実に実に当り前の生活である。しかも私はこの当り前の生活を与えられるために、ほんとうに長い間鍛えられて来たのである。鍛えられることは苦しいものであった。鍛えられて鉄はようよう鋼《はがね》になる。そのように、私もようよう人間《ひと》らしい形だけになったのかもしれない。

フルタイムの仕事と子育てに追われていた三十代のころ冒頭の「朝起きて聖書を読み、昼は疲れるまで働き、夜は祈りて眠る。この生活こそ、実に実に当り前の生活である。」は、衝撃であった。初めて知る当り前の生活を深く知りたくなった。「きょう一日何につけても合理的に暮らしましょう。それは新しくなる道なのだからと思いましょう」『みどりごの心』〝合理的な暮らし〟も〝新しい道〟も意味はよく分らないものの、新鮮で刺激的に胸にどしんときた。以来、「みどりごの心を持っているだろうか？」と自問しながら励んできたような気がする。

郡山　60代（S）

著作集二冊を戦後の焼跡の路端で買ったのが

始まりでした。今日までの人生の導きは、多々ありますけれど、結局『みどりごの心』の序文「朝起きて聖書を読み、昼は疲れるまで働き、夜は祈りて眠る」に尽きると思います。

逗子　90代（I）

みどりごの心

朝起きたら、私はきょう誰の上でもない、そうして誰の下でもない。正直に一生懸命そう生活しよう。と、このみどりごの心を、天地の創造者《つくりぬし》なる神が我らに与え、そうしてそれを守っていて下さるのです。

人はどの人にも人としての人格が与えられ尊重しあう互いであり、一生懸命生きることの大切さと、守られていることへの大きな安心と勇気をもらう箇所です。

札幌　60代（K）

みどりごの心

私たちは自分のしていることは、本当によいのか、それとも悪いのかもしれないと迷うものですけれど、それがまた急所です。たしかによいことをしたいという純な望みから、だんだんに生まれてきた計画ならば、実際はよくても悪くてもかまいません。迷わずに実行することです。それが出来ない人は、どんなに賢くてもよくても、新しくなり得ない人です。

長年専業主婦をしていると、おだやかな生活を望むようになり、変化をきらうようになってしまいます。しかし、まわりはどんどん変わっていき、いつの間にかとりのこされるような気がして心配になります。この言葉を思い出すといつでも社会への感心をもって、いつでも社会へ出ていける準備をしておこうという気がまえが出来、好奇心が湧いてくるのです。

松本　30代（I）

野の花の姿

今の私のたった一つの憧《あこが》れは
野に咲く花の姿である。
あの南沢に出来ようとしている
私たちの小さな家も、
野の花庵《あん》と名づけよう。
広い野原の一点地に、
天命を楽しんで咲いている
野の花を見よ。

ただ天地《あめつち》の力に信頼して、
素直に使命を生きる外に
全然他意なきその純粋さを見よ。
私も野の花のような純真な思いが欲しい。
安らかな野の花の姿で、多くの友の中にいよう。

初めて出席した例会で〝野の花を見よ、その純粋さを見よ、野の花の姿で多くの友の中にいよう…〟と皆さんが歌っているのを聴いて、何と素敵な歌詞とメロディーだろうと感激しました。著作集の中に見つけてからは読む度に歌う度に野辺の小さな花が心に浮かび、自分の心が浄化されるようで落ちつきます。心のすみっこにいつも野の花を咲かせているようになりたいと思います。

新居浜　40代（N）

「今の私のたった一つの憧れは」とこれほどまでに野の花を愛された境地を想います。全著作集の中で掲げきれないほどの言葉や、文章が創立者の深い信仰に基づいていて、珠玉のように、また強く心にひびいてきます。この「野の花の姿」の一篇は今の私の心を、温く静かに包み込んでくれます。「安らかな野の花の姿で多くの友の中にいよう」という思いは「本当にそうです」と言いたい。

佐久　80代（O）

そうして遂に見ることが出来たのである

謙《へりくだ》りて濃《こま》やかに思い得るものに、
めぐり来る日は新《あらた》である。
みどりごの心をもって棲《す》むものに、
天も地もとこしえに新である。

五十年余り前、入会して最初に購入した著作集がこの『みどりごの心』でした。信仰のことも何もわからず読みはじめて心に残ったことばです。マグダラのマリヤが主を見ることが出来たように、導かれて主を信じることが出来ました（亡き夫と共に）。明日はイースターです。夫を天に送って丁度五年、主の前での再会を望みつつ日々新たなりに支えられています。

武生　80代（K）

母が会員で友の家の一画に住んでいた当時、壁にかかっていた短冊のこの言葉は、当時小学校三年生だった私に、深い意味はわからなくても大切な言葉として心に残り、今は私の生き方の課題です。

名古屋　70代（I）

我々の住む所

我々の衣食住を私事だと思うから、めいめいの好みや力次第で、贅沢《ぜいたく》をすることも、お茶づけをかき込んでおくことも出来るのです。我々の住む家庭《いえ》の中を、まず公のものだという合理的な信条の上に立てましょう。休息も慰めも人間《われわれ》の公に要求するところのものです。我々の食事をすることは私事でないのと同じことです。

人生で初めて出合った言葉（考え方）です。娘から妻になり母となって、その先の現実に立ちすくんでいた四十年前の私への大きな道しるべとなりました。それは今も変わりません。

名古屋 60代（N）

我々の住む所

家庭と社会との通路に、二筋のみちがあります。一つは社会のほうから一つ一つの家庭に、ありのままの事情や出来事や新しい知識を送りこむ道で、いま一つは我々の家庭から社会に向かって、温《あたた》かい空気と清らかな風を送り出すみちです。

人生における家庭の使命は、実に大きな公のものであります。

友の会の精神の基礎となる箇所だと思う。

一人目の子供を妊娠したのを機に仕事を辞め家庭に入った時、社会とのつながりが断たれて社会からとり残されたような寂しさを感じていたが、夫や子供を社会に送り出すことで社会とつながっていると感じられるようになり、家庭の仕事に誇りを持って取り組むことができるようになった。家庭を私事でなく公なものとする考えは、それまで思っていたものとは逆の考えで、家庭をあずかる自分の責任を感じ、背筋の伸びる思いがする。

東京第三　30代（S）

四通八達の家

暑さの真最中は、どんなに隔ての垣の中に閉じこもることが好きな人でも、開けひろげた所に棲《す》みたいと思うでしょう。私たちのこの南沢の家を、ある時は野の花の家、ある時は木綿《もめん》の浴衣《ゆかた》の家といいました。そしてこの間からまた私はこの家を、四通《つう》八達《たつ》の家と自分の気持の中で称《よ》んでいます。垣根はもちろんありません。

ただ、キレイにかたずいているのではなく家も心も開放し、誰にでも「中で、お茶でもどうぞ」と声をかけられる人であり、家でありたい。

豊橋　50代（I）

この言葉は著作集で初めて知りました。この言葉を知るまでは家にも心にも相手によっては垣根をつくるのがあたり前のように思っていました。友の会の中で多くの人と一緒に仕事をする中でまず、自分の心の風通しをよくすることを教えられました。それには愛と謙遜を常に自分に持っていなくてはならないと書かれています。むずかしいことですが、いつも心にとめておきたい言葉です。

佐賀　50代（E）

家信

第十七巻

共に棲み共に語る

——巻頭の言葉——

きょう日曜日朝早く眼をさます。久しぶりのお天気である。半時間の後に私たちは、新しい野を走っていました。昔ながらの武蔵野が、どうしてこんなに新しいのか。ひろい麦の若緑のためである。眠りから覚めかけた樹の芽のためである。つつじの花も山吹の花もものいいかけている。白い李の花、紅い桃の花、勿論桜も新しい。安らかに眠った後の私たちの目も、けさはまだ世間の塵を見なかったからである。そうしていつもいつも忙しさと多くの責任の中に棲《す》んでいる私たちに、幾年にもなかったこうしためずらしい新しい朝の休みの時が与えられたからである。それよりもなお、恵をイギリスに送って、今頃はどうしているか何をしているかと、見えない影を追い暮《く》らしていた最近の二年間。今この一つ車の中に恵がいる。後の八ヶ月を、私は恵とヨーロッパもアメリカも、こうして一緒に歩いて来たけれど、この親しい野を空を、父母子供と膝をならべて、語る言葉もなきまでに、新しき春を呼吸しつつ微笑みつつ、共にあることが出来るとは。三人の心の中で、互いに手紙を待った手紙を書いたさまざまの場合を、今は楽しい記念として思い出している。

共に棲《す》み共に語ることとは、何にもました人間《われわれ》の最大のあこがれである。船でゆく四十日の浪をへだてたこの国と英国と別々に棲《す》んでいた時も、信ずる所頼る所が一つであれば、ほんとうは共に棲《す》み共に語っていたのであった。こうした意味で、夫婦、親子、兄弟はいつでも共に棲《す》みたい語りたい。しかし顔と顔とをつき合わせながら、私たちにそれが出来ないことがある。人間最大の苦痛はそれではないのか。親子兄弟だけではない、すべての友と共に棲《す》み、すべての友と共に語りたい。それが私のあこがれである、人間《われわれ》のあこがれである。すべての人は友であり、すべての生けるものは友であり、心なき野も空も友である。心を開いてすべての物と共に語り共に歌うことが出来るなら、それは即ち見えざるものへの讃美である。

私は祈る。天父よ許したまえ、多くの友の中でも、特に親しく結ばれた親子兄弟は、肉の身体で目に見ゆるこの世の中に棲《す》む間も、私たちのきょうのように嬉しい顔と嬉しい顔と互いに相見て喜ぶ時の多くあるように。与えられる使命のために別れて暮《く》らすことがあっても、み翼の下に共に置きたまえ、あなたにあって一つ言葉を語ることを得させたまえ。

この世の事情と、そうして殊に相互のさまざまの罪のために、共に棲《す》み共に語ることとの出来ない世界人類のために、殊にそうした多くの親子兄弟のために、私はかく祈り求めてやむことが出来ません。

昭和八年四月二十三日

羽仁もと子

目次

巻頭の言葉――共に棲み、共に語る＊

家信＊……………………………………一

附録――故国の父母へ…………………羽仁恵子 二四三

一 オックスフォードより
二 マンチェスターへ
三 左様ならマンチェスター
四 ロンドン大学夏期学校
五 スクール・オブ・エコノミックス＊
六 大陸の旅より
七 ロンドンより
八 ロンドン生活終る
九 パリより

三女・恵子の英国留学中に、母・羽仁もと子はフランス・ニースで開かれる「世界新教育婦人会議」に出席の外遊。会議での通訳を恵子に託し、「それ自身ひとつの社会として生き成長しそうして働きかけつつある学校」の講演を行なう。その機会に憧れのユングフラウヨッホ登山を親子と教え子（左右）と共に楽しまれた。一九三二年七月

惹かれた箇所

共に棲み、共に語る　巻頭の言葉

私は祈る。天父よ許したまへ、多くの友の中でも、特に親しく結ばれた親子兄弟は、肉の身体で目に見ゆるこの世の中に棲む間も、私たちの今日のように嬉しい顔と嬉しい顔と互いに相見て喜ぶ時の多くあるように。与えられる使命のために別れて暮らすことがあっても、み翼の下に共に置きたまへ、あなたにあって一つ言葉を語ることを得させたまえ。

どんなに離れていても神様を信じているということで不安がありません。私の息子はまだ神様から離れた生活をしています。「あなたにあって一つ言葉を語ることを得させたまえ」の祈りは、私の祈りであります。　市川　60代（M）

家信 八

家《うち》の子供らは責任は人一倍重いけれども、いつでも親の七光を背負っている。それが今オックスフォードに行って、全然あなたの身分も知られないで、取扱われる。私は、ああ、恵ちゃんは今私のさせたいと思っていた種類の苦行をしているのだなと思って、共に忍耐をしなくてはならない時だと思っています。

遠く離れた地からの往復文書で、どの手紙にも信じて祈り、信じて務めましょうという羽仁先生のお気持ちがにじみでていて、それを恵子先生も心細いながらきちんと受け止めて励んでおられる様子がよくわかります。我がことのように感じられました。

東京第一　60代（K）

家信二五

母より。……時々ホール先生をお訪ねしたりして、あなたのありのままの思いと事情を聞いていただくことがよいと思います。自分の思いをいつもありのままに他に訴え得る人にのみ、年月と共にその人らしい自由な境遇が与えられるものです。

故国の父母へ　五

恵子より。学校が始ってからとてもとてもとても忙しくて、とうとうこの一週間の間、お手紙が書けませんでした。今日コーチングの第一回がありました。大体想像して知っているような顔をしそうになった自分を発見して、これはいけない、知っていることは知っている、知らないことは知らないと明白に正直にいうことの方が、自分をごまかすことより恥ずかしくないと思って、勇気を出して知らないことは知らないと言った時、ほんとうに心に平安がありました。

息子が自由学園に入学の年、『家信』を一気に読みました。親子で、ここまでの手紙のやりとりが出来ることに驚き、私などとてもとてもと思いながらも、本気な気持ちで息子に手紙を書き始めた思い出があります。

岡山　80代（M）

教育三十年

第十八巻

新しき歌をうたえ

——巻頭の言葉——

自由学園創立のころ、自分たちの心にもっとも鮮《あざや》かであったことは、教育を詰め込みでないものにしたい希《ねが》いであった。詰め込みでない教育の第一歩は、何でも教えようとすることの根本を、子供たち自身に理解させ、子供たちがそのことについて、これから学んでゆきたい興味と価値を正しく深く感ずるように導いてゆくことであると思うのであった。そのためにおとなも子供も一つになって、思想しつつ生活しつつ祈りつつ努めあって来た、この三十年に近いあいだの経験や感想を、折りにふれ時に応じて書いたのがこの書である。

教育を詰め込みから解放したい熱きねがいは、皆さまのご声援のおかげで、見るべき成績を現わしてきた。これからも一層の工夫を凝《こ》らし、実行に勇気を加えて、まっすぐにこの道を進んでゆこう。軍国主義の圧迫は取り去られても、だらけがちな人の心に、義の平和をきずき上げる真の教育は、時の勢いに抗する苦しみよりもより複雑な困難を予想しなくてはならない。微力な私どもに世のおん励ましをねがってやまないのである。

過去の教育の世界へ、私たちの心一杯の奉仕はうけ入れられた。これから先の鮮かな目標は、学校はその温《あたた》かさにおいて、子供たちの第二の家庭であり、今の世の中に存在するもっとも優《すぐ》れた社会であるという、その実相を具体化してゆくことである。少なくとも現代最高の理想に近い家庭の姿社会の姿は、本気な教育力をもつ学校にあると、多くの人をして思わしめるようにならなくてはならない。私は今私たちの学園をそのようにあらせたいねがいをもって思い努めているばかりでなく、すべての学校がみなそのようになる日の来ることを切望している。

この美しい青葉の世界が、静かに絶え間なく遷《うつ》り変わってもみじ葉の世界になる。紅葉の美がおとろえて、明澄透徹の冬の美が次の嫩葉《わかば》を生み出《いだ》す。そうしてそれは去年《こぞ》の青葉と同一ではない。樹や草が成長するばかりでなく、目まぐるしく変わりゆく世事人事ばかりでなく、天も地もありとあらゆる万物も、生あるものにとどまることがないからである。生か死か進歩か退歩か、天地《あめつち》の父の心は愛であるきわまりなき進歩である。み心に教えられて、愛の協力をしてゆこう愛の建設をしてゆこう。それがすべての人間がその中に棲《す》んでいるところの、唯一無二の学校の心である、姿である。日々に教えられつつ発見しつつ、各人それぞれの発見を、それぞれの分野において真実に勤勉に生きることとの自由をゆるされている。きわまりなき希望に励まされて、日に日に新しき歌を歌いつつ進んでゆこう。沈滞を知らないところに、静かに絶え間なく、まだ見ぬ新生面が展開されてゆく。昭和二十五年五月

羽仁もと子

目次

巻頭の言葉――新しき歌をうたえ

素人の教育……一
教育の目的とその方法……七
それ自身一つの社会として生き成長しそうして働きかけつつある学校……三三
「教」のない世界……四九
教育上における自由と統一と権威と……五六
たましいの教育……六九
おさなごを発見せよ*……七五
母のねがい*……八五
鞭……一〇一
子供は弱者なり*……一一三
すべての子供がよく出来得る子供である……一二四
夏休みに復習をさせて下さい……一三六
ヨクミル・ヨクキク・ヨクスル*……一四四
田舎者は勝つ……一五二
年のはじめに子供と語る……一六一
林間の豚問答・夜の饗宴……一七八
人間教育と才能教育……一八九
心の畠*……一九六
新教育の春……二〇三
団体と個人……二一〇
団体について考える……二二七
永遠の少年……二三六
真実を語れ……二五三

教育三十年

教育と自信……二六一
よいことは必ず出来る＊……二六六
自由学園の勉強……二七五
真実は愛である……二八四
太陽は一つ＊……二八六
夢は実現する……三〇〇
生活学校で何を学ぶか……三一四
小さき驚きの記録……三三三
那須野の小鳥……三四三
教育は交わりである＊……三四七
われら友あり……三五二
子供の月……三五八
自由学園の大学……三六五

惹かれた箇所

おさなごを発見せよ

おさなごを新たに発見するとはどういうことであるか。言いかえれば、おさなごはみずから生きる力を与えられているもので、しかもその力は親々の助けやあらゆる周囲の力にまさる強力なものだということを、たしかに知ることです。人は赤ん坊のときから、その生きる力はそれ自身の中にあります。

幼なくして長女を亡くした経験から、子供を育てることが恐しく思えることが多くありました。子供自身に生きる力が与えられている、その生きる力を信じるように、尊重するようにと言われている言葉は、そのような私に勇気を与えてくれました。

小山　50代（N）

おさなごを発見せよ

子供自身がその生命の中に、自分の生命を護《まも》り育てるために、なくてならない強い賢い力をさずかっているものであることを確信して、赤ん坊の泣き方にも幼児のまわらぬ口にそのおさない思いを語るときにも、それらによって、ほんとうに彼を知ることが第一です。

まだ羽仁もと子も友の会も何も知らなかったころ。たまたま書店で買った第二児のための「育児日記」が婦人之友社のものだった。そこに書かれた右のことばがとても心にしみ、線を引いていた。羽仁もと子ってだれだろう？と軽い知りたい欲求を引きずりつつ、その約三年後、再び出合うことになった。

神戸　40代（A）

結婚して初めて東京に住み、すぐに子供を授りはしたものの、夫の帰りは遅く相談する知人も居ない中で不安だらけの育児でした。そんな折友の会を知り、この著作集に出合いました。最初、〝発見せよってどういう意味？〟と読んでみると「子供を育てるにはまず何よりも子供自身の生きる力を尊重しなくてはならない」と教えられ納得しました。その子が高校生となった今でも子供との接し方の指針となっています。

大阪　40代（N）

母のねがい

よく教育するとは、よく生活させることである。

親は子供によい教育をしなくてはならないとは、だれも思っていることですが、よい教育をするとは一体どういうことでしょう。ただただよい生活をさせることです。

三歳と一歳の男の子を育てている。子供たちをどのように育てるか、どのように導いて行くのか悩むこともある。習い事の広告やあふれる子育て情報にふりまわされそうになる時、この言葉を思い出す。そして子育てに本当に大切なことは、知識を教えこむことではなく、生活する力そのものなんだ、という考え方に戻ることができる。

岡崎　30代（I）

子育てに自信がなかった私にとってこの言葉は家庭教育の土台となりました。毎日の食事、生活リズム、習慣が大切と気づかせてもらい、一人で生きていける力をと願い、二人の子供を育ててきました。

名古屋　50代（N）

子供は弱者なり

子供より知恵のあるおとなは、決して自分の知恵にまかせてよい加減に扱ってはならないことです。どこまでも誠実に正直に、子供たちの中にあるかれらのまだ心づかない、よいこと悪いこと物の道理やほんとうの人情を、どうして教えたり伸ばしたり退治したりしてゆくことが出来るかと、あらんかぎりの知恵や力を傾け尽くしてもなおおよばないことを感じているのでなくてはならないと思います。

著作集の言葉は、どれも心に留まるものが多いのですが、初めてこの箇所を読んだ時は、まさに子育て真最中でした。その時に傍線を引いたことを、子育てが一段落しつつあり、子ども達が各々羽を揃えつつ、飛び立つ寸前まできた今、改めて、この言葉が、自分の子育てのバックボーンになっていたことを感じます。昨年長男が大学進学を決めた時に「ウチの子供の育て方はけっこう気に入ってるから」と、私の宝物になるような嬉しい言葉をくれ、羽仁先生の言葉と出合えたおかげと感謝しました。

一宮 40代（I）

ヨクミル　ヨクキク　ヨクスル

……明日から一緒に、ヨクミル、ヨクキク、ヨクスルの勉強をしましょう。

小学校の教員をしている私にとって、すごくわかりやすく、すてきな言葉だなぁと思ったのが「ヨクミル」「ヨクキク」「ヨクスル」です。しかし、教員としての立場だけでなく、人として生きていく上で、シンプルなこの言葉は、時に生き方の指針として、おまじないのように心で唱えています。

北九州 40代（S）

この言葉は、羽仁先生が入学式で新一年生に語った言葉と書かれています。私の心にも強くとまりましたので、私自身も子育て中、二人の娘たちに日々つかわせてもらった言葉です。そして娘たちに言う以上、親である私も夫も守ろうと努力した言葉です。ただぼんやりと日を送るのではなく、何が本当のことなのか見・聞き、そして行動する。これは生きていく上でとても大切なことと思います。かんたんな言葉ですが、私の生活の中にこれからもずっと生き続ける言葉です。

新発田 60代（K）

高齢になると、とかく自分本意になりがちで人の言うことを聞かなくなる傾向にある。この三つの言葉を心にとめて年をとりたい。

大阪 70代（H）

心の畠

真の教育とは物を教えることでなく、若き人びとの心の畠をよい畠にしてやることです。鈍い子供、気の散る子供、わがままな子供、勝気高慢気短弱虫など、その体質その健康はまたその気質と密接にかかわりあって、さまざまのくせのある心の畠が出来ています。家庭と学校は協力して子供を助け、浅くて固い心の畠は、石ころや雑草の根を掘り出し、深くなるまでやわらかになるまで鋤《す》きかえしてやりましょう。親や教師が鋤きかえしてやるのでなく、子供自身で根気よく幾度でも鋤きかえしてよい畠をつくり出すまで助けはげましてやるのです。

子育てをしていく上で、「どこまで親がやってやればいいのか」わからなくなった時にこの言葉を思い出し、自分自身を見つめ直すことができました。親は、始終助ける立場でなくてはならない。かわりにやってしまってはいけないんだと知りました。　札幌　30代（S）

実家が農家なので、固い畠を、すいてやわらかくするというのに、たいへん共感を得た。畑は土づくりが一番大切なので、人間の教育にも深く耕やすことと、愛情という栄養をたくさんもらって立派に育てなければ、育たなければという思いに自然になった。　釧路　40代（I）

この箇所は心の反省になります。九十歳になったが、私の人生は著作集によって育てられました。感謝。　東京第四　90代（Y）

よいことは必ず出来る

よいことをするのには、大いなる犠牲と長い間の忍耐が必要だということです。われわれのよいこととして望むことが、大きいものであればあるだけ、犠牲も忍耐もさまざまの工夫も非常に多くいるのです。‥‥「よいことは必ず出来る」という立場は希望的なものです。われわれはただその希望を現実にするために、忍耐をもって惜しまずに犠牲を払うことが出来るのです。われわれの希望と志は、いつでも犠牲の力と、その力の上に加えられる神の助けによって遂げられてゆくものです。

入会して初めての読書が、この個所でした。犠牲と忍耐が必要だけれど希望を現実にすることが出来る。何かあった時、がんばろうという気持ちが、わいてきます。

浜松 50代（W）

「よいことは必ず出来る」の一節で、私はこの言葉に大変魅かれ『教育三十年』を読みはじめました。羽仁先生は十二歳の少女達に自由学園は、「よいことは必ず出来る」と思っているところだと入学式で話されているところです。そしてこのことは賛成してもらえそうで、実はなかなか多くの人の賛成してくれない考えなのです、皆さんはどうですか、とも少女達に問いかけています。そこには教えるものと教えられる者の本気なやりとりがあります。そして読み進むと、本当の文化は、はじめは少数の人の犠牲と忍耐と知恵と力をもってする志から生れること、多くの人の共鳴の力で大いなる社会の信条にまでなることを確信しました。

このような肯定的かつ楽観的人生観は、信仰に支えられたものであると後年になって気づかされました。友の会はよいことは必ず出来る団体であると確信しています。東京第四　60代（S）

友の会で食の勉強をさせていただいているうちに、食べるということの大事さを思い朝・昼・夜の食事を愛情をかけて手作りし、野菜もなるべく自分の手で有機野菜を作り美味しくいただくことを心がけてきました。自分だけでなく皆さんにもよびかけたいと思い、お料理教室を三十年開いてきましたが、昨年十二月に主人九十六歳私八十四歳となり、閉じることになりました。

鹿児島　80代（H）

太陽は一つ

「太陽は一つ、太陽をくださった方は一人です。人類および万物に生命をくださった方は一人です。人類《われわれ》は同じおとうさんの子供たちです。兄弟姉妹です。人類《われわれ》のおとうさまはただ一人の神様です。私たちはその子供、みな兄弟姉妹です。」

私は四歳の時に父を亡くしていましたのでここを読んだ時、泣ける程、うれしい気持がしました。神様が私の父であること、そして私の子供たちも神の子であると気づき、思春期、反抗期であった子供たちを見る目が変わりました。悪い所、出来ない所ばかり目についていたのですが、良いところをのばすこと、欠点は祈って待つことができるようになり、神様に祈って、おまかせすることが出来ました。子育ての大切な時にここを読み、本当に感謝でした。

豊橋　60代（I）

教育は交わりである

教育は交わりである。よく交わるものはもっともよく教育される。おとなが子供を教えるのでなく、共に交わりつつ相互いに教育される。人間のよき交わりは、相互いに心をこめたよき生活のなかにある。

子育ての時にずいぶん助けられた言葉です。なかなか人の中へ入っていけず、人と交わることの苦手な長男で、私も初めての子でどう接すればよいかわからず悩んだ時、助けられた言葉です。心に響いたり支えになった言葉は多くあるのですが、交わりの中にいることの大切さは子育てのみならず、全ての生活において必要なことだと思います。

千葉　50代（K）

入会間もなく、会員であり学生時代の恩師から「友の会には先生はいませんから、私のことは先生と呼ばないように」とお電話がありました。私は素直に「ハイ」と答え、その後△△さんとお呼びして接するようにしました。心の中では少し申し訳けない気持ちでしたが、友の会ではとても自然なことでした。「教育は交わりである、よく交わるものはもっとも教育される、共に交わりつつ相互いに教育される」、この言葉に導かれつつ一生懸命よき交わりをしている私を見て、先生は喜んで下さるだろうと思いました。

松阪　50代（K）

友への手紙

第十九巻

相反する二つのもの

――巻頭の言葉――

戦後の十年間に書いたもののなかから、この五十篇を撰んで著作集第十九巻の一冊にすることにした。あのころは、食べるものにも乏しく、事ごとに戦争というものの野蛮無謀の悔やまれる時代であった。悔やまれるばかりでなく、深く遠く反省される時であった。そうしてだれの思いも言葉も、どうして私たち人間は戦争から救われることができるかの痛切な祈りのなかにあるのであった。右の頰《ほお》を打つものに、この野郎何をすると、すぐに対手《あいて》の左の頰を打つことには、何の心の用意もいらないばかりでなく、そういう場合に必要な力の用意はだれにでも出来ることであった。どんな敵にも負けないという自信を持つことすらも、そのようにしてついに可能であった。

聖書マタイ伝五章三十八節にこう書いてある。

「目には目を、歯には歯を」と云えることあるを汝《なんじ》ら聞けり。されど我は汝らに告ぐ、悪しき者に抵抗《てむか》うな。人もし汝の右の頰《ほお》をうたば、左をも向けよ。なんじを訴えて下衣《したぎ》を取らんとする者には、上衣《うわぎ》をも取らせよ。人もし汝に一里ゆくことを強いなば、共に二里ゆけ。なんじに請う者にあたえ、借らんとする者を拒むな。

しかしそれは私らにとって、まず非常に不自然である。いきなり右の頬を打ってかかる敵に左の頬をむける、私たちに決して出来ないことである。けれども私たちは、だれにつくられ何人《なん》の子と呼ばれ何人《びと》の子として育てられているか考えてみたい。始めに神天地を創造《つく》り給えり、その経綸《けいりん》に従って、だんだん神に造られて出来たものである。人間の自然というものは、ただ、打たれればすぐ打ち返してやりたくなる、おいしいものを見れば他人《ひと》のものでも何でもとって食べたくなるというようなことばかりでない。生まれてこの方、毎日毎日また永遠の未来まで、神の手に育てられるものである。人間のもっとも大いなる自然は神の子であり野蛮なことをすれば、後々まで心のいたむものである。この一見反対に見える立場のどちらが本当であるか、どうしてであるかを、よくよく考えてみる必要がある。そうしてそれにはまず時がいる、頭脳《あたま》がいる、一朝一夕で出来ることでないけれども、考えれば考えるほど、われらの生命《いのち》に興味のある、いろいろの反応が見出されてやめることの出来なくなることである。私は皆さんにこの意味で祈りつつ聖書を読むことをおすすめして、この巻の序文に代える。

昭和二十九年十二月

羽仁もと子

目次

巻頭の言葉――相反する二つのもの

忙と閑と＊……一四
個　性……二〇
新緑によびかけられて……二七
戦争と平和と……三四
涼しい生活……四七
人を赦すこと……五三
混乱と秩序……六一
現実と理想……六七
あたたかい心＊……七四
エン・ゲディの野……八五
生命のかがやき＊……九七
新年の祈願＊……一〇〇
天地悠久、クリスマス来たる……一一
われわれは果たして自由人たり得るか＊……一一
夕あり朝ありき……一九
健全分子……三〇
形式を脱し真実を創造する……三五
友の会にて……四三
もう一人の方がいる＊……五二
陰徳か陽抗か……六三
われらの動物性と人間性……七一
人生は永し今日は短し＊……七七
私の家庭観＊……九三
春遠からじ＊……一〇九

人生の感激……二〇九
じっくり勉強……二一四
光にあゆむ*……二二一
有力無抵抗……二二九
われ散歩を愛す……二三八
刀かなしみ蠹《のみ》愁《うれ》う*……二四四
宜われよき嗣《ゆずり》業をえたるかな……二四八
大器晩成型と生意気型……二五五
友情庵安居……二六四
今昔の感……二六八
花三日……二七七
故郷あらたなり……二八一
知恵を拾う……二九四
知恵は呼んでいる……三〇〇
氏か育ちか……三〇五
新婚の友と語る……三一五
閑人……三二七
一言はがき……三三三
神格・人格・動物格……三四二
老人*……三四八
音頭取り*……三五三
主人と家来……三六〇
秋の始業式にて……三六六
満八十の誕生日……三七五
人の冬*……三七七

惹かれた箇所

われわれは果たして自由人たり得るか

軍国主義の圧迫から解放されてそれで自由になり得たと思っていたら違います。さまざまの外的強制が除かれても、自分自身の中にある不自由さはなくなりません。与えられた自由を本当に自分のものにするために、多くの用意と努力とそうして忍耐が必要です。「われらは果たして自由人たり得るか」それが真実の問題です。

一九八〇年の家事家計講習会で入会しました。初めのころは「……ネバナラナイ」などと、不自由なことばかりが多く感じられて、がんじがらめになっていました。この読書を通して、不思議なほどに肩の力がぬけ、楽になった瞬間が、私の原点のように思っています。

札幌　60代（S）

もう一人の方がいる

門を叩いたのはたしかに自分であったけれど、ここだというその門に導いてくださった目に見えない方のあったこと、門をあける多くの力も備えられていたことを思わずにいることはできない。朝起きるから夜眠ってもわれわれは決して独《ひと》りでいることはない。人間ばかりでいることはない。そこには必ず目には見えない、いま一人の方がいる。

家事の技とか家計簿をつけたいという目的で入会したが、人ひとりでは生きられないことを学んでいる。しかし、その時そこに常に目に見えないもう一人の方がいることに気づかずにいることが多い。それを心から信じ感謝できるようになりたい。これからの自分の目標としたい。

浦和　50代（N）

友の会員として六十年余、齢を重ねるにつれ、しみじみもと子先生の熱情による女性として人間としての生き方に励まされる。目の前の日常にふりまわされることなく魂の成長、「もう一人の方」を身近かにおぼえ、毎日の反省と感謝の日々である。

東京第三　90代（S）

人生は永し今日は短し

人生は永《なが》し今日は短しと、はやくから私の心の中でいっていた言葉、その意味がだんだん自分に親《した》しいものになってくる。……神に肖《に》るものとなるための人生は永い。永遠の栄えの中に誉れも喜びも圓《まど》かである。人新たに生まれずば神の国に入ることを得ず、短く短く刻《きざ》まれている今日を努め努めて進歩しつつ進化したい。

満九十二歳の現在まで健康に恵まれ、『婦人之友』愛読者となって六十三年、友の会歴五十五年余に。時の経過を感謝します。現在は非常に頭が切れていた九十七歳の夫が数年前からアルツハイマーになり、常に見守っていなければならなくなったため、出掛けることが制限されていますが、神のみ旨に従い与えられている生命を精一杯生きたいと思っています。何時「その時」が来るか分かりませんが、なかなか準備が予定通り進まないのが悩みで「今日は短かし」と思うこの頃です。

札幌第二 90代（K）

私の家庭観

家庭は社会から下敷きにされるために圧迫されるためにあるのでなく、清き泉の源となって、この社会を高めてゆくためにあるのである。知恵においても力においても人情においてもわれわれの家庭は社会のために多くの清涼剤《せいりょうざい》を、家人の協力によって創《つ》造《く》りたくわえ得るものでなくてはならない。

私にとって「家庭は清き泉の源泉になって……」は日々の暮らしのよりどころになっています。半世紀以上、一日も休まずしっかり家計簿の記帳に励めたのも、このおかげと思っています。今日の暗い社会・経済の不安も私たちの美しく清く励むことでのり越えられると信じています。

木曽 70代（O）

私の家庭観

「力なく哀《かな》しき時は小《ちい》さ事《ごと》とくに励めとみ霊《たま》いう」それはある時、ほんとうに自然にふと口に出た私の思いであった。

大きな悲しみを経験した後、立っているのもやっとという思いの中で、この言葉をつぶやきながらお皿を洗ううちに、生きる力が少しずつ戻ってくるのを実感した。与えられている生きる力を感謝した。「言葉を実感する」最初の経験だった。

松戸 50代 (S)

昭和六十三年四月二男は急性骨髄性白血病を宣告され病気で天に召されました。中学二年生でした。心の平安を求めて著作集を開けた時、この言葉に出合いました。「日々の目立たない生活を油断なくしてゆく」の言葉は、私にやるべきことを具体的に教えて下さいました。高三、高一の長女長男、又夫との生活を大切にしなさいと。日常の生活に心をこめることで、悲しみの中でもおだやかな心持ちになれた、大事な言葉です。

前橋 60代 (K)

春遠からじ

春へのあこがれが熾烈《しれつ》であれば、春を来たらせるべき苦しい努力も勇んですることができるのである。自然界の春は自然の力でおとずれてくる。しかしながら人間世界の春は自然には来ない。

厳しい冬に耐えて、春を待ち望み、どんなに苦しくても、必らず、春はやってくる。春が来た時の喜びを忘れず、努力してきたと思います。東北に住んでいた時の、つらい冬から春が来た時の喜びは、本当に忘れられません。

松山 30代 (Y)

結婚し、子供が育つ中での三十数年、家庭の内外や自分の健康問題等、さまざまの痛みのある中、若い時に読んだこの箇所が私の支えとなり、夫を含めた家族にも真正面に向き合って生きて来たように思う。

四日市 60代 (N)

忙と閑と

世の中には閑人《ひまじん》もある。何もすることのない閑人のほかに、非常に忙しくしている閑人もあるのではないかと思う。しなくてはならないことよりも、自分のしやすいことや、したいことに骨折って、それが時どき人のため世のためにならないようなこともある。

私は多くの人に「忙しそうね」と、よく言われる。だが、これは嬉しい言葉ではない。そんな時、この箇所を思い出し「私は忙しくしている閑人であろうか？」「文字の如く心を忘れてはいないか？」自問自答している。

旭川　70代（K）

生命のかがやき

充実したものの生命は、終わりに近くなるほど輝きをましてくる。秋のもみじは、葉の生命の終わりの冠《かんむり》である光栄である。……真実なる教育は、人の生涯を通して、老若おのおのの時代において、四季おりおりのかがやきを具現するものでなくてはならない。

日々の真の生き方を教えられ、好きな文章です。人生の秋に到達した現在、身に沁みるものを感じます。

松江　90代（O）

私は九十四歳ですが、今五十日の病気入院から退院して、生命のかがやき全部が身に沁みます。戦時中は東京日本橋最寄で戦災にも遇い、娘時代から今日まで七十四年間、羽仁先生の導きにはなかなかほど遠い歩みかもしれませんが、会員として感涙しています。武生 90代 (I)

あたたかい心

どんなよい事でも形式化してしまっては、人の心を縛《しば》るばかりである。形式化する力がどこから来るか。どこからも来るのでなく、よいものを形式化するのは人間の無自覚である。……思うことを簡単にし努力をなくした生活は、すべての事を形式化するはじめである。

友の会の活動の中で、毎年、毎回同じことをし、同じように考えても新しいものが生み出されることがあるということを教えられて、ハッとさせられ、ふだんの自分のやり方と比べて、私もそうありたいと思った。 千葉 40代 (S)

新年の祈願

人の思うことはまず感ずることからくる。思うことの浅いのは、感ずることの浅さ不徹底さから来る。真実に物を感ずることは必ずしも特別な学者であり、智者であることを要しない。正直に謙遜に注意深くあることが必要である。

四十年前、はじめて買った著作集です。この部分はとても新鮮で、自分に一ばん欠けているところを指摘された気がして、今でも心にとめているところです。 西宮 70代 (S)

光にあゆむ

真実なことをするのは、どんなことでも、それ相応の工夫がいる勇気がいる、それが光にあゆめよである。

「光にあゆめよ」という言葉が好きです。まさに自分は、気づいていても気づかぬふりをして面倒なことにならないようにしている時があります。素直に真っすぐにすすみなさいと言われている気がします。

函館　40代（N）

刀かなしみ鑿愁う

「刀かなしみ鑿《のみ》愁《うれ》う」どんな鈍才でも熱心になってある一つの事を追い求めてゆくと、必ず進歩するものです。

「刀かなしみ鑿《のみ》愁《うれ》う」は心に残り、口誦むことばです。鈍才悲しむに足らず、本気で苦心すること。活ける努力こそ価値ある人生と教えられたからです。

福島　90代（H）

老人

私たちの赤ん坊のとき、手をひいてくれたのは人間の親だけでない。そしてその見えざる天父《おや》はこの世ばかりでなく、輝くかの世の門にも送り込んでくださる。・・・・この世の務《つと》めを本気に果たして、手をひいて下さる方に、その誠意を認めていただけば、われわれは純粋にその方のみの支配なさる輝ける国に、必ず迎え入れられるのである。

八十歳代半ばになりますと、とこしえの故郷ということを、思います。〝我等の国籍は天にあり〟（聖書の言《ことば》）いい言葉です。尊厳死協会への手続きも出来安心です。

盛岡 80代（K）

音頭取り

あの人もしないから私もしないでよいというのでなく自分ただ一人でも純粋に良心をもって希《こいねが》うこと、欲することを、勇気をもって早速に実行することは必要である。注意深さと実行力とあればだれにでもまず出来ることは、狭い家のなかの音頭取りである。

結婚し子供が生まれ、入会してすぐの最寄会で読み、子供のため家族のためによい音頭取りになりたいと思うきっかけを与えてくれた言葉。何かあるたびにこの言葉を思い出します。

函館 30代（H）

人の冬

私はいま人生の冬を生きている。人の冬のはじめでなく、冬中《ふゆなか》を生きている。私の春は憧《あこが》れの春であったように、夏は忙しく、秋は充実していたように、どうか人生のこの冬も、感謝すべき楽しいものでありたい。

今では何事をするのにも時間がかかる。靴をはくにも時間がかかるし、全く自分のすることがおそくなりました。でも家計簿もつけたいし日記も書きたいし何でもゆっくりと出来ることはやって行きたいと思って居ります。娘たち友人にたすけられながら。

福島 80代（M）

自由・協力・愛

第二十巻

ふるさと、又ふるさと

——序にかえて——

故郷《こきょう》と聞けば第一に思い出すのは、その寒々とした暗さの中で、春を待っていたあの心持である。雪の後に来る春ばかりでなく、私は年中明るい暖い天地を恋い慕っていたのである。なつかしい私の故郷《こきょう》は、また私にその東北語を、固く固く教え込んでしまった。要領のよいことは決して出来ないと、知らない間にそう私を強く支配しているのも故郷《ふるさと》であった。鈍《にぶ》い言葉で要領の悪いことをいい、鈍い身体で要領の悪い動き方をし通している、そうしてそれは私の故郷《こきょう》からの嗣業《ゆずり》である。私は長いこと唯そう思っていた。私は故郷《こきょう》を憫れむことが出来ても、真実《ほんとう》に愛することが出来なかったようである。

その重苦しい殻の中で、私は知らずに考えさせられてしまった。要領をよくするために考えたのではなく、唯何が本当かを考えさせられて来た。それも知らずにそうした方面にむけられていたのである。この頃私はそのことを、みどりごの心と呼びたくなった。そうしてそれもまた私の故郷《こきょう》の嗣業《ゆずり》であった。故郷《ふるさと》はなつかしい、故郷《ふるさと》はありがたい。

しかも私の今故郷《ふるさと》といっているのは、あの東北の海岸ではなくて、たましいの故郷《ふるさと》、天の故《こき》郷《よう》のことである。

宿命を苦しみ、光を慕って、遂に真の故郷《ふるさと》を望み得るために、寒く貧しい地上の故郷《こきょう》が必要なのであった。永遠になつかしい東北の山河よ。一時《じ》も早く汝自ら、そのわびしい宿命の中から救われてくれ。

(昭和十年七月)

羽仁もと子

目次

序にかえて――ふるさと、又ふるさと

船中雑信……一
旅おわりて……八
友の会とは何ぞ＊……一三
不義なる支配人のなししところ……三二
人倫天倫……四二
万人のたべものきものを平等《ひとつ》にする運動……五一
自由の翼をのべて＊……六二
腹にすえかねること……七六
哀愁と喜悦と……八六
家族日本をつくりましょう……九四
荒野《こうや》を拓く……一一二
心の東北のために……一二七
菊花無塵……一三四
いま暫くせば来るべき者きたらん遅からじ……一四一
国土安穏……一五一
われらの目標は明らかなり……一六六
召命の前に立つ……一七九
先憂後楽……一九〇
よき秋よ来たれ……二〇三
世界動乱……二〇九
完全家事講習会の提案……二一五
小さい雑誌……二二三
希望の原野一眸万里……二二六
大いなる隘路と大いなる希望と……二三三

世界史上に新日本を創造《つく》れ……二四一
久遠の女性をおもう……二四七
思いのまゝを……二五六
詩と田*……二六一
友の会とは何ぞ……二六七
国歌・友情・信仰……二七九
花と鳥の家から……二九一
富国高文化……三〇四
御報告……三一二
学ぶ心……三一八
お早うございます……三二一
天にましますわれらの父よ……三二四
明窓浄几*……三二八
祈りの頭と足……三三三
天地有情……三三七
競争か協力か……三三九
友の会二十五年……三四六
信頼……三五二
靴を揃えてぬぐ自由*……三五六
ありがとう、ありがとう……三五九
きのうきょう……三六一
たましいの微笑……三六四
解説……羽仁恵子

惹かれた箇所

> **友の会とは何ぞ**
>
> 友の会は、皆さん一人一人が力を出すところですといいました。それを聞いた賢い人たちは、何だ変な会だと思ったのでしょう。貰うんだと思っていたら出すんだという、馬鹿な理屈だ損な理屈だと思うのです。理屈というものも大へん大切なものです。けれども理屈は、人の心の一番浅い所にあるもので、だんだん奥に奥にとゆくほどに複雑になって来る。

入会間もなく最寄リーダーをしました。まだ若くて、子供も小さく、たいへんだったのと、五年に一度の「生活時間しらべ」も重なり、方面委員会で不満をぶつけました。数年して、この著作集に出合い、「友の会」が自分の中で何をするところか、うっすらとわかったような時がありました。子供には、人のために自分を差し出すことをイヤがらずに成長して欲しいと思います。

岐阜　40代（Y）

> **友の会とは何ぞ**
>
> 自分がよくなったら働きかけようというのは大きな間違いであり、高慢であります。自分の中の実に実に小さいものを献げては清められつつ救われてゆくのです。それが

本当の意味の「小より大へ」です。小に止まるための小でなく、大に行くための小でなくてはなりません。

私は衣・食・住から仕事のことまで、すべて小より大へという羽仁先生のことばに基いて生活してきました。お料理も少量の一単位がきちんとできるようになれば大量もできるようになります。このことばに基いた生活が現在の私を築き上げたといっても過言ではありません。

鎌倉 90代 (M)

自由の翼をのべて

神様は与えべき一番よい時に、その人々に出来る限りのよいものを与えて下さる……疑わずに祈ろう〳〵と思っても、本当にこのことは出来るかしら出来ないかしらと、あとからあとから疑いが起って来ます。疑うまい〳〵と思っても駄目です。神を信じていないからです。私たちの祈りは、第一に、「どうか神様、私の魂にほんとうにあなたを見出させて下さいませ。あなたを信じさせて下さいませ。多くの友に、この国に、この世界に、あなたを信じさせて下さいませ」そういう祈りからはじめなくてはなりません。

ある年、友の会の中で重過ぎる程の役を受けました。不安をいっぱいかかえながら、懸命に著作集に向かった時、自由・協力・愛に導かれて歩むことが出来ました。今、友の会に在るのも、この言葉との出合いがあったからこそ、と感謝をしています。

名古屋 60代 (K)

詩と田

一層深く田を作らない人間に決して詩は出来るものでないことを、そしてまたそれと同時に、詩を生むためでなければ人間に田を作る必要は決してないということを、何かにつけて強く感ずるようになった。

「子育ては仕立直しがきかない」という先輩のことばに、好きだった教師をやめ、育児に専心しようとしましたが、毎日の家事から逃れたくて、チャンスがあれば教壇へ戻りたいと思っていました。そんな時、「詩と田」の「一層深く田を作らない人に詩は出来るものではない。」ということばに出合い、文化的なものだけを大切なことととして追い求め、日常生活を軽んじていた自分に気づかされました。「詩と田」は今も私の生活の原点です。　札幌第二　60代（I）

なまけ心が出る時のいましめにしています。

京都　80代（Y）

明窓浄几

明窓というのは明るい埃のつかない窓、浄几というのはごみのたまっていない、きれいな机。ということは、誰にでも分かったでしょう。今日は同じ明窓浄几ということを人間の内部のことで考えてもらいたいと思います。まず目に見えない窓には、埃がついていないか。目に見えない机の上には、ごみがのっていないか。目に見えない私らの内部も、ごみやほこりがついていない「明窓浄几」でありたいと思います。

まずは明るい埃のない窓、ごみのたまっていない机を思います、いつもそうありたいと思います。けれどもここで言っていらっしゃることは心の問題です。人を憎んだり、勝手な推量をしたり、とんでもないことを考えたりすることが、みなごみですと書いてあります、私の心の中も明窓浄几でありたいと思います。

横浜 70代（H）

靴を揃えてぬぐ自由

靴を揃えてきちんとぬぐことは、自由ですか不自由ですか。‥‥私どもは社会人だ。それで社会的にものを見る。社会的に見ればきちんとぬいである方が自由だ。自分でもこっちに片方、あっちに片方あるようなぬぎ方をしたり、人の靴と重なったりしていたら、はく時は不自由になる。きまりのよいところ、きちんとしたところにいつも自由はある。

この一言の背後に大切なことが多く、忘れがちないろいろなことを気づかせてくれます。友の会は、子どもが小さかったころに出合ったこともあって、初心に戻れる言葉です。子供が変わらずにきちんと靴とスリッパをそろえていてそこからも気づかされます。

相模 30代（N）

若い頃「自由」と「勝手気まま」を同じようにとらえていました。今は自由とは「選びとること、それをまかされていること」と思います。何かを選びとる時、自分は何をものさしとしているかを、問われているこの部分を読むと、背筋がのびる思いがします。

帯広 40代（S）

真理《まこと》のかがやき

第二十一巻

われ山にむかいて目をあぐ

——序にかえて——

私は自分の身にも知恵にも能力《ちから》にもあまると思うようなことがあるたびに、知らずしらずすべてを忘れて、ただ一つのことを訴えている自分を発見する。ただしそれはたびたび気のつくことでなく、時たまあることである。ごく分かりやすくこれをいえば、大勢の子供をつれて遠足する山に今ついて、これから登ろう歩きまわろうとする時のような気持である。あまりに広いあまりに神秘的な、どっちもこっちもその先の見えない頼りない心細さである。私はその時詩篇百二十一篇を知らずに熱心に口ずさんでいた。

われ山にむかいて目をあぐ　わが助けはいずこよりきたるや
わが助けは天地《あめつち》をつくりたまえるエホバよりきたる
エホバはなんじの足の動かさるるをゆるしたまわず
なんじを守る者はまどろみたまうことなし
見よイスラエルを守り給う者は　まどろむこともなく眠ることもなからん
エホバは汝を守る者なり　エホバはなんじの右の手をおおう陰なり

昼は日なんじを撃たず　夜は月なんじを撃たじ
エホバはなんじを守りて　もろもろの災いをまぬかれしめ　またなんじのたましいを守りたまわん
エホバは今よりとこしえに至るまでなんじの出ずると入るとを守りたまわん

私はこの詩のあることを、ふと気がついて、万事を忘れ、心をこめて繰り返し繰り返し暗誦していたのは、遠足の一夜を旅館に明かして、その翌《あく》る日の朝であった。しかしその後《のち》私は意識して、いろいろの機会にこの詩を読む。学校のさまざまの学科や生活の複雑な組織や選び方に苦心をすればするほど、それを助けて下さる人びとの識見も真実にどんなに活かされてゆくものか、秋の日ざしのきょうのように楽しい美しい時、またどのように人間《じぶんたち》を棲《す》まして下さるこの真実の天地《あめつち》がありがたいか、暴風雨も、人間《われわれ》の手で遂に適当な処置のなされる時があろう。そのために絶えざる人間《われわれ》の研究と同時にお扶《たす》けが入用《いりよう》である。この身が病気で何も出来ない時は、慕いに慕って殊にこの詩を読まずにいられない。すべての人間の生もまた死も、その一番よい時《とき》を神様が決めて下さるはずである。「エホバに感謝せよエホバは恵みふかくましましてそのあわれみかぎりなし」〔詩篇一〇七〕である。

昭和二十五年十一月

羽仁もと子

目　次

年のはじめに＊……一
復　讐　心……六
私の六つの問……一一
舞台と楽屋＊……二〇
よき生活の第一歩＊……二四
生活合理化＊……二五
建業三十年＊……五八
読者と記者……六二
人の子可憐……六九
あり難きこの時……七六
人の波自然の波……八〇
一粒選《よ》りの生活＊……八三

序にかえて——われ山にむかいて目をあぐ

三十五年の感謝……九二
閑　棲　雑　記……九八
那須野涼風……一〇六
世界の心人の心＊……一一七
われらの描く絵画……一二三
袖ふり合うも他生の縁＊……一三三
ネ　ム　の　花……一四三
生活団の子供と伝書鳩……一四八
第二のエデンを作りましょう……一五二
聖書ところどころ……一五八
唯　一　の　対　象……一五九
父　の　愛……一六七

詩篇を読む……一七七
よりたのむ心……一八八
人の知恵と神の知恵……一九八
人おのおのの損得勘定……二一一
ある朝ある昼ある夕……二二七
くる朝ごとに*……二三四
真理《まこと》のかがやき……二四〇
おさなごの心を……二四七
兄弟の愛、隣人の愛*……二五四
燈火をとりて……二六二
かたちと心……二六六
神の国を慕う愛……二七一
われらに語りかけつつある言《ことば》……二七九
五つのパンと二つの魚……二八四

永遠の道……二九〇
渇けるごとくに……二九八
人類への贈物……三〇七
生と死と復活……三一七
主の祈りについて……三二六
羽仁もと子評伝……羽仁恵子　三四〇
羽仁もと子年譜……三七四

惹かれた箇所

年のはじめに〈身辺雑記〉

幸福を希《ねが》うのは人の至情であっても、知らずしらず今与えられている幸福に執着するのはまちがっている。幸福は今日あって、あすは俄《にわか》になくなるものである。幸福のうちにあるものは感謝しつつ、その幸福にとらわれずに、それぞれに自分のなすべきことを真剣につとめよう。

使命に精進するのは、人生の実体である。あらゆる光栄と、われらの恋い慕う永遠の平和は、その実体の上に、いつか許されて結ぶところの実である。その日はよほど遠くに、しかし確実に私たちを待っている。

平明な文章でありながら、思わず本を閉じて考え込んでしまいたくなる。思春期に「人生の意味」はどこにあるのか？などと思ったりしたが、答えは分らなかった。最近では目先に現れてきたものに対してまじめに取り組めばよい、といった考えをしていた。しかし、「使命」とは何だろうか？私にとっての使命とは、家庭内、社会を含めて他者に尽くすことではないだろうか。では何をもって尽くすのか。私の行く先を照らし出してくれた一文である。

砂川　30代（H）

舞台と楽屋

家庭生活ならびに各個人の生活を合理化することは、また一つの大きな楽屋をつくるのです。というのは不合理だらけの、毎日の生活を合理化すること、それ自身が決して最終の目的ではないからです。生活の不合理が一つずつ取除かれ解決されて、そこに私たちの時間と勢力に余裕を見出すのが目的だからです。

この言葉を初めて読んだ時、目からうろこが落ちた気がしました。友の会の中だけで励むことは自分や家族のためだけではない。そうして出来た時間と余力を世の中をよくするための大切なことに使いたいといつも願っています。

福岡　40代（M）

よき生活者の第一歩

よき生活者の第一歩は、清潔である。よき生活者の第一歩は、各自の身の回りから。よき生活者の第一歩は、各自の家庭から。
…………

簡単な言葉ですが、力強く、あこがれる生活の姿です。

武蔵野　40代（A）

在宅介護のホームヘルパーを一日五時間以上週六日働くようになって、友の会に入っている意味はと、自問自答するようになりました。友の会活動、調べ物の提出も少なくなっていますが、気持ちは「よき生活」をめざしていることをわすれないようにしている。

東京第四　50代（K）

生活合理化

生活の合理化は、人間生活の基礎工事ですから、あらゆるよいことが、一つとしてその基礎を通さずには出来て行きません。そうしてまたこの基礎工事のための最もよい仕事場、それは家庭です。また人の一生の中で、この基礎工事をする時は、いうまでもなく、赤坊、幼児、子供の時代です。そうしてそれはまた母親の手にあります。

頭の中の理屈だけから合理化が出来るのではなく、基礎は家庭にあるという一文、又、母親の手にあるという言葉は、毎日の生活をまじめに本気で取り組まなければと親としての責任を感じ、心を新たにさせせられます。

鎌倉 50代 (S)

建業三十年

過去は感謝であり、将来は希望であります。そうしてそれをつなぎ合わせる現在は、いつでも我々の一番緊張しなくてはならない舞台です。

一日一日を本気に生活することで、過去に感謝でき未来に希望がもてるのだと実感。この言葉に出合えて、今日が一番と思えるよう日々努力したいと思えた。

松戸 50代 (S)

一粒選りの生活

私のいう一粒選りは、いくらお金を出してもそれだけでは手に入らない代わりに、どの家でも心がけ次第でその生活に合わして年月とともに調えることの出来る衣服、家具のことです。

人は常によりよい家具、衣服がほしいという願望をもっています。私もその一人ですが、羽仁先生の言葉で、買い物をする時、これでよいのか——と、一度は心にブレーキをかけて考えています。我が家に合った生活、それを大切に値打高くつかうことが大切だと心に響きました。今あるものを大切につかっていこうと思っています。

岐阜　50代（N）

三十年前、「一粒選りの生活」という言葉の響きにまず、心惹かれました。そうして手作りで衣服、家具など、その時必要に応じて作ってきました。今、夫婦二人暮らしは、必要最小限の物に囲まれて、まずまずです。

中野　60代（Y）

一粒選りの生活

私たちは損だと思う人ほど、人のために働くと知らないうちに大きな得をさせられていることを発見するものです。

いろいろな時に愚痴が出そうになります。そんな時、この言葉を思い出し、「させられているのではない」と改めて自分の仕事を楽しむことにしています。

奈良　50代（I）

夫の母（一〇二歳）と同居して十一年になる。現在は全面介護の日々で、束縛はされるけれど、多方面にわたって私のために役だっている。実家の父も一〇四歳、母は一〇一歳、三人の親たちに学ぶことは大きい。

大分　70代（T）

世界の心　人の心

世界の心も人の心も、その奥底に愛と平和を希《こいねが》うことにおいてただ一つである。それを照らす太陽も一つである、海も一つである。

アフリカやアジアの貧困や戦争で苦しんでいる子供たちをテレビで見るたび、早くその国の人たちにも平和が訪れ、医療や教育が届く世の中になってほしいとねがう。

龍野　50代（M）

袖振り合うも他生の縁

若き人びとに若き力でなければならない仕事をしてもらえば、もらうほど、同時に老人は老人でなくてはできない方面に、多くの仕事の用意されてあることに心づくもの

である。そうしてさらに日々の感謝が深くなり、新たに生ずる感激を覚えるのである。

年を重ねるにしたがい、若い人へのゆずりを大切にすることは当然であるが、それと同時に、もうご用がなくなったと思うのは、間違いである。「老人は老人でなくてはできない仕事が用意されている」との言葉にはげまされる。

東京第一　70代（M）

くる朝ごとに

くるあさごとに　つみをきよむる　め
ぐみのつゆはあめよりくだり　神のさ
ちをぞ　あらたにそうる（賛美歌）

私たちに一ばん必要なのはこの罪を清めていただくことなのです。今日一日も罪を清

めていただき、歩み正しく道を進むことが出来るように出来るようにと私たちは熱心に願わなくてはなりません。けれども心を深くしてみるならば、神様は、太陽や月や食物とともに、この一ばん大切なものも朝ごとに用意していてくださると思います。

平生、私たちは罪をおかしているという自覚はありません。罪というのは新聞やテレビに取り上げられている大きなことだ、自分には無関係だと思いたいものです。しかし、自覚や無自覚という問題ではないと思います。本当に心の中から、前述のように願い祈って生きたいと思います。神様が新しい朝をいつも与えてくださるのだと勇気づけられもしています。

長岡　60代（S）

兄弟の愛、隣人の愛

世界中のすべての国民とまでは行かなくても、すべてのクリスチャンがほんとうに一つになって祈り努めたら、来ない来ないといっている世界の平和でさえも、どうして来ないことがあるでしょう。

私が二年近く前、第三子を死産した時、たくさんの方に「祈っている」と言っていただき、祈ることとの深さを、また祈っていただくことのうれしさを知りました。心からの祈り、また祈りを合わせる素晴しさを、この著作集のことばで深く気づくことができました。

名古屋　30代（F）

羽仁もと子の生涯と思想

羽仁恵子

彼女は明治六年（一八七三）九月八日、青森県八戸町の南部藩士の松岡家に生れ、非常な勉強家としての小学校時代をすごし、十六歳の時、日本で最初の女学校である東京府立第一女学校の二年に編入。友人が明石町の教会にいっていることを知り、次の日曜日から通いはじめて、まもなく、その教会で洗礼をうけた。その後更に二年ほど、キリスト教主義の明治女学校に学ぶ。のち、小学校、女学校の教師の経験なども経て結婚。しかしわずか半年で破れる運命にあった。ふたたび東京で、生活をはじめたところが、吉岡彌生氏の家であったとは、また何と奇《くす》しきことであったろう。吉岡氏夫妻は、じきに、ただのお手伝いではないと見て事情をたずねられ、家族のなかにまじえてくださるとともに、もっとよい仕事につけるようにと励ましてくださった。

ほどなく、今の雙葉学園の前身である、築地語学校の小学校の教師となった。その学校への行き帰りに見つけた報知新聞の職業案内によって報知新聞社に入社、はじめは校正係として次には彼女の念願であった記者となる。生涯をとおして共に事業を営んだ羽仁吉一と明治三十四年に結婚、三十六年に内外出版協会の依嘱をうけて、家庭雑誌『家庭之友』をおこし、五年後に独立して今日までつづいている『婦人之友』となった。大正十年に、詰込教育の弊を排しキリスト教精神によって家族的な人格教育を目指す、自由学園を創設する。

昭和五年には『婦人之友』の誌友会として「友

の会」を設立。会員は『婦人之友』、『羽仁もと子著作集』によって伝えられる人生の生き方に賛同し、それぞれの家庭をとおしてその精神を生きると共に、少しずつその生活を世の中につたえてゆくようにはげんでいる。

晩年は多くの直接間接の教え子達の働きを喜んで見守りながら、自然と人とを限りなく愛して、神さまにおまかせしきって生きる姿に徹して、昭和三十二年四月七日、八十三歳で心臓衰弱のため永眠、一年半先に亡くなった夫吉一とともに東京雑司ヶ谷墓地に葬られた。

羽仁もと子は、ただの主婦にもとどまらず、また母にもとどまらなかったが、そうかといって、所謂社会的に活動した婦人ともいい難い。彼女が日本の社会に創り出したものは、記者と読者とが一緒になって創り出す健全な思想と生活をはげまし合う雑誌とその読者の集り、及び「真理は汝らに自由を得さすべし」という自由を基盤とした、これも教えるものと教えられるものが、互いに学校を一つの善き人の住む社会として創り出し、何ごとも学ぶ心を深くして自覚的、自発的にしようとする学校であった。そしてそれらはどこにお手本があるのでもなく、彼女の思索と祈りが創り出した理想であり、それが夫の協力によって一歩一歩、現実になっていったものである。

◆◆◆

『婦人之友』を女性の研究室と呼び、記者と読者は友情をもってまじわり、常に理想をかかげて正しいことが世の中に理解されてゆくようにと努める雑誌で、その編集方針も経営方針も独創的に築かれて今日にいたっている。

『婦人之友』に十八年おくれて始められた自由

学園は女学校令によらず、学科の勉強に偏していた学校教育に、人間教育のための生活というものを取り入れた。知識を詰込むのではなく、知識を媒介として各種の能力を協力によって開発しようと、日夜その徹底に腐心して来たことは、今や日本の教育においても常識となって来ている。

友の会も前の二つと同じように、婦人の権利のみを主張したり、何かに抵抗したりするための会ではなく、各人の家庭の生活に清らかな思いを成長させ、そこから生れる生活技術を真に向上させることによって、日本の社会に物質文明だけに支配されない何ものかを築きたいと、そう思う同志が互いに助け合いはげまし合う団体である。

以上の三つの事業はその形と表現はことなっていても、いずれも広い意味では教育事業である。そしてその方法は自己教育である。なぜならばいずれも自由を基盤とするからである。日本の国の一部分でも、常に自由と協力と愛とが、清らかに生きてゆくところにするのが、この三つにして一つである教育事業の目標である。

羽仁もと子が自身で思いさだめて常に書いていた「思想しつゝ生活しつゝ祈りつゝ」ということばは、彼女の思想の領域と構造をもっとも素直に語っていると思う。「生活の朝、昼、夜」という小文のなかで「朝起きて聖書をよみ、昼は疲れるまで働き、夜は祈りて眠る」といっている言葉はその思想を更に具体的にあらわしているものであろう。実にその思想は生活の基盤をもち、生活はまた思想に導びかれ、さらにその二つのものの根底に祈りがあるところに、三つのものの一つ一つが極端に走らない彼女の理念と実践の健康さがある。

また著者ほど家庭というものを大切に考えた思想家は少ないと思う。なかでも親子の関係を尊く思った考えの跡をたずねると枚挙にいとまがない。『思想しつつ生活しつつ』下巻の中の「親と子と」とか或は、『友への手紙』中の「私の家庭観」というような題目のものばかりでなく、あらゆる文章のなかでといってよいほどに親子のこと、家庭のことにふれている。

東北人の、しかも明治初年の東北に育った者の不器用さと手のろさが、東京に勉強に出た後も、また家庭で子供を育てるようになっても彼女を悩ましたが、それに困れば困るほど、自分で本気になって、徹底的に考えて、筋道をたて、人に学び、人と協力することを願った。決して生れのせいや環境のせいばかりにして不平をいうことはなかった。それが結局、八十三年の生涯をとおして『婦人之友』をつくり、友の会をおこし、自由学園を開き、多くの人々に希望を前にのぞみつつ、どこまでも、祈りとともに努力的に前進する生活態度を教えることが出来たのだと考えられる。

愛誦の賛美歌の一節の

主われをあいす　主はつよければ
われよわくとも　おそれはあらじ
わがきみイエスよ　われをきよめて
よきはたらきを　なさしめたまえ

が、彼女の朝毎の祈りとしてはたらいていたことを疑うことは出来ない。

一九六三年三月

（羽仁もと子著作集第二十巻「自由・協力・愛」奥付の解説から。一部『真理のかがやき』より引用。）

あとがき

今回、婦人之友愛読者の会・全国友の会創立八十周年に当たり、『親しき友に』をまとめました。羽仁もと子著作集全二十一巻をより親しく読んでいただくため、全著作集の巻頭の言葉と目次を集め、著作集を拠として読み継いでいる「全国友の会」会員の心に残る「惹かれた箇所」を載せました。

著作集全巻に流れる羽仁もと子の思想と人生観の柱と、そこから発する実践活動を、一冊の中に見出していただけたら幸いです。

羽仁もと子著作集初版十二巻の刊行は一九二七年（昭和二年）です。全二十一巻のうち十九巻までが著者の生前（一九五五年）の出版となります。

第二十巻の、『自由・協力・愛』は、昭和初期から晩年までの、歴史的意味をもつ文章と、晩年の生涯の余韻とも言うべき文四七篇を収録。発行は婦人之友創刊六十周年の年（一九六三）です。第二十一巻の『真理のかがやき』は身辺小記と「生活合理化」の主張、後半は聖書をめぐって書かれたもの四二篇です。婦人之友創刊八十周年記念（一九八三）として発行されました。

◆文中聖書語句は執筆当時の文語体のままとしました。

二〇一〇年四月

婦人之友社

親しき友に

羽仁もと子著作集全巻の
巻頭のことばと、その思想を生きる人々

二〇一〇年四月二〇日　第一刷発行

編集・製作……婦人之友社
　協力……全国友の会
発行……婦人之友社
〒一七一-八五一〇
東京都豊島区西池袋二-二〇-一六
電話〇三-三九七一-〇一〇一（代）
振替〇〇一三〇-五-一一六〇〇
印刷・製本……大日本印刷株式会社

ISBN978-4-8292-0580-8

羽仁もと子著作集 全21巻

1 人間篇
4·3·2 思想しつつ生活しつつ 上・中・下
◆☆7·6·5 悩める友のために 上（新版）中・下
◆8 夫婦論（新版）
◆9 家事家計篇（新版）
11·10 家庭教育篇 上・下
◆12 子供読本（新版）
13 若き姉妹に寄す
◆14 半生を語る（新版）
15 信仰篇
◆15 信仰篇（新版）新共同訳
◆16 みどりごの心（新版）
17 家信
18 教育三十年
◆19 友への手紙（新版）
20 自由・協力・愛
◆21 真理のかがやき（新版）

定価各1470円 ☆1427円 ◆各1575円
15巻は新版か既刊かお選びください。

新版のケース

羽仁もと子選集

著作集をテーマごとに再編集。

おさなごを発見せよ 定価893円
子ども自身の生きる力を尊重することが大切と説く、生きた生活教育の案内書。

最も自然な生活 定価840円
思想する生活。それは欲望のままにでなく、自主、自由を本気で考えることから始まる。

人生の朝の中《うち》に 定価945円
新家庭は人生の朝のよう。朝のうちに規律正しい生活を身につけるための提案の書。

われら友あり 定価893円
人生の夏から秋を心豊かに。今おかれている自分の環境の中で心と体を働かせたい。

生活即教育 定価945円
思春期の子どもにとって活きた教育とは。意志をもって生活できる生活環境を。

力は出るもの出せるもの 定価840円
子ども達が深くものを考え、勇気をもち行動できるように。著作集「子供読本」より。

☆羽仁もと子の思想をたどる旅

羽仁吉一・もと子と語る座談集

真理によって歩む道　上・下

婦人之友社建業百周年記念刊行委員会編　定価各2625円

真理への希求が、多くの識者と語る座談となり『婦人之友』の柱となりました。1926年から1955年の間に、真剣に論じ合った中から30篇を、上・下巻に収録。数々の至言は、今も輝きを放ちます。

羽仁もと子案　家計簿

定価980円

費目ごとに予算から差し引きしていく家計簿。予算をオーバーしない家計運営が身につきます。

☆はじめてドラマに――

羽仁もと子と吉一の半生の実像に迫る。

構成劇を映像化

「見よ、野に咲く花を」

雪国・八戸から16歳で上京。後ろをふり向かず真っ直ぐに生きたもと子に会える。神を支えとし、何を願い、どう実践したのかを110分に凝縮。

ビデオ・DVD

作・演出　松岡励子
出演　羽仁もと子・つかもと景子
羽仁吉一・横山祥二　ほか
語り手　岸田今日子
収録時間110分
ビデオ　定価2500円
DVD　定価3000円

いつからでも家計上手　家計の出発点と到着点

婦人之友社編　定価840円

家計簿記帳の集計で見る戦後61年史。家計簿記帳の意義がわかります。

ビデオ・DVDは書店では扱っていませんので直接小社へ。表示価格は消費税5%込み。2010年4月現在